Wolfgang Longardt

Leben im Jahreskreis 1

praxisbuch
kindergarten

Wolfgang Longardt

Leben im Jahreskreis

1 Frühling und Sommer im Kindergarten

Herder Freiburg · Basel · Wien

Mit freundlicher Genehmigung der Rechtsinhaber sind in diesem Buch folgende Gedichte bzw. Lieder wiedergegeben:

Seite 65/66/67: Sechs Blumengedichte von Heinz Kahlau aus: „Der Rittersporn blüht blau im Korn", Der Kinderbuchverlag Berlin (Ost).

Seite 91/93/95: Drei Strophen vom „Wolkenlied für Kinder", Text: Wilhelm Willms, Melodie: Peter Janssens, aus: „He du mich drückt der Schuh", 1975.
Rechte beim Peter Janssens Musik Verlag, Telgte-Westfalen.

Seite 121:   Lied „Ein bunter Regenbogen". Text: Rolf Krenzer, Melodie: Hans-Werner Claasen, aus: Rolf Krenzer, „Regenbogen bunt und schön", Verlag Ernst Kaufmann, Lahr, und Kösel-Verlag, München.

Zu diesem Werk gehören
im Sinne eines Gesamtkonzepts:

Wolfgang Longardt
Leben im Jahreskreis 2
Herbst und Winter
(Bestell-Nr. 20123)

Ermutigung zum Glauben
Von und mit Kindern lernen
(Bestell-Nr. 21231)

3. Auflage

Die Textfotos von kreativen Arbeiten
aus dem Kindergarten Blaubeuren-Asch verdanken wir
Helga Schlotterbeck und Kai Antholz,
von dem auch die Einbandfotos stammen.

Inhalt

Motive zu Festen in Frühjahr und Sommer

Abschiedsfeste (Schulanfänger); Kap. 3, 6, 7, 9

Fastnacht/Fasching: Kap. 3, 4, 6, 7, 9

Frühlingsfest: Kap. 2, 5, 8, 13

Johannestag: Kap. 15

Ostern: Kap. 5, 6, 11, 14

Passion (Fastenzeit): Kap. 3, 11

Pfingsten: Kap. 13, 15

Sommerfest: Kap. 4, 8, 14

Zum Einstieg

Dieses Buch wendet sich an den Erzieher. Es möchte ihn für eigene, sich von Jahr zu Jahr vertiefende Erfahrungen am Jahreskreis sensibilisieren. Es mag vielleicht Themen und Projekte sozialpädagogischer Arbeit geben, bei denen Erzieher Kindern Lernerfahrungen vermitteln können, ohne sich mit ihrer eigenen Person, ihrer eigenen Biographie und eigenem Weltverständnis dabei selbst einbringen und öffnen zu müssen. Wer aber mit Kindern partnerschaftlich den Wechsel der Jahreszeiten, die Rhythmen der Verwandlung, die Tiefe und Vieldeutigkeit von Naturphänomenen erleben will, der kann dies wohl überzeugend nur tun, wenn auch für ihn etwa Sonne, Regenbogen, Blume nicht nur „Sachthemen" sind, sondern Dinge der Welt, die ihn selbst wieder anrühren und zum Staunen bringen. Und mehr noch: Wer eben für keine wertneutrale, orientierungsarme Erziehung plädiert, der wird – wie viele Kulturen eh und jeh – den Kindern auch Deutungsmöglichkeiten für die Tiefe der Ur-Bilder und Lebensphänomene anbieten. Er wird schließlich auch selber weiterwachsen in der Fähigkeit, die Schöpfung nachdenklich zu betrachten und Lebensvorgänge als Gleichnis zu erkennen. Wer sich mit Einfühlungsvermögen und Muße in große und kleine Wunder der Schöpfung vertieft, gewinnt gerade im bewußten Durchleben der Jahreszeiten, die im Wechsel und zugleich immer wiederkehrend unser Leben bestimmen, auch heilsame Einsichten, die Bedeutung haben können für den Umgang mit Kindern vor der Natur. Vielleicht führt der Weg des Schauens und Durchschauens nachhaltiger als wortreiche Appelle dazu, unsere Einstellung zu Leben und Natur zu ändern, um den Planeten Erde zu pflegen und noch für Generationen bewohnbar zu halten.

In der Gliederung des Buches wird sich der Leser leicht zurechtfinden, denn jedes Thema oder Motiv ist in den gleichen vier Schritten entfaltet:

A. Zur Einstimmung
B. Religiös-biblische Dimension
C. Übungen für Erwachsene
D. Übungen mit Kindern

Dem umfangreichen Praxisteil ist ein kurzes theoretisches Einführungskapitel vorangestellt. In einem Register am Ende des Buches sind die Themen und Motive nach alphabetischen Stichworten aufgegliedert, eine Übersicht im Anschluß an das Inhaltsverzeichnis hilft, größere Themenkreise aus den einzelnen Übungsbausteinen zu erschließen sowie zur Hinführung und Ausgestaltung von Festen des Jahreskreises beizutragen.

Im Gegensatz zu manchen Veröffentlichungen, deren theoretische Überlegungen dem Leser nicht selten den Eindruck von großer Distanz zur Praxis vermitteln, sind – abgesehen vom knappen Einleitungskapitel – viele theoretische Impulse direkt in die Übungteile eingearbeitet.

Wer sich dieses Buch in Eigenarbeit erschließt oder in Aus- und Fortbildung die einzelnen Kapitel erarbeitet, wird bald entdecken, daß viele Übungen, vor allem die für den Umgang mit Kindern, sehr offen und zuweilen nur skizzenhaft beschrieben werden. So soll dem vorschnellen, rezeptartigen Nachmachen vorgebeugt werden. Ganz gewiß hat auch der Praktiker mehr davon, solche Übungen zunächst als eine Möglichkeit zu durchdenken und sie dann bereit zu haben, um sie in lebendige Prozesse eingeben zu können – manches vielleicht noch in diesem Kindergartenjahr, anderes viel später –, in ganz neuen Zusammenhängen und dann organisch mit Beobachtungen und Erfahrungen der Kinder verbunden.

Wolfgang Longardt

1. Von den Chancen immer neuer Lernerfahrungen

Wer die Redewendung: „Man lernt eben nie aus", benutzt, denkt in der Regel vor allem an ein Lernen im kognitiven Bereich, vielleicht auch an handwerkliche Fähigkeiten, die vervollkommnet oder ausgeweitet werden, seltener aber an Erfahrungslernen, das die ganze Persönlichkeit umgreift.

Um ein Lernen an Erfahrungen, die uns „unter die Haut gehen", soll es aber in allen Gedankengängen und Praxiseinblicken dieses Buches gehen. Für solches Lernen ist Offenheit nötig. Wer in den Tag hineinlebt, wer kaum noch wahrnimmt, wie fest alle seine Lebensstrukturen sind, wie unfähig für das Entdecken von Wandlungen und Verwandlungen ein Mensch werden kann, der ist wohl auch dafür verschlossen, am Kreislauf der Jahreszeiten, am Werden und Vergehen der Natur Staunenswertes wahrzunehmen, das sehr wohl zum eigenen Leben Beziehung hat.

1. Offensein für neue Erfahrungen – lebenslang

Gelegentlich treffe ich Siebzig- oder Achtzigjährige, die trotz ihres hohen Alters noch voller kindlicher Neugier und voller Fähigkeit zum Staunen sind. Eine Lebendigkeit gegenüber allen großen und kleinen Wundern zeichnet sie aus, die einfach ansteckend und erfrischend wirkt. Welch ein Kontrast dazu ist es, manchem Vierzigjährigen oder Jüngerem zu begegnen, der sein Wahrnehmungsvermögen für das Ungewöhnliche, seine Neugier auf Unbekanntes hat verkümmern lassen. So manche Fähigkeit wird ohne Pflege eben stillschweigend „beerdigt". In vollem Wortsinn *leben* solche Menschen gar nicht mehr, zuviel an ihnen und in ihnen ist schon tot – oder wie tot.

Wer mit Kindern bewußt *leben* will, muß an sich arbeiten, damit er nicht fortlaufend Fähigkeiten absterben läßt und beerdigt, die ihn unfähig für neue Lernerfahrungen machen.

Es lohnt schon sich zu fragen, was nehmen wir eigentlich noch wahr? Vielleicht kann dieses Buch Anstöße zu Korrekturen im Lebensstil des einzelnen Erziehers geben. Darum will ich auch hin und wieder von eigenen Lebenserfahrungen sehr persönlich berichten. Zuweilen ertappe ich mich selbst dabei, daß einige Tage dahingegangen sind, ohne daß ich mir Zeit genommen habe, auf etwas bewußt zu achten, etwas wirklich wahrzunehmen. Mein Terminkalender hat mich so gefangen genommen, so desensibilisiert, daß ich z. B. Veränderungen an den Bäumen vor dem Haus übersehe. Noch schlimmer ist es, wenn ich Veränderungen in den Gesichtern meiner Nächsten nicht mehr wahrnehme. Das beschämt, denn es bedeutet ein Abstumpfen, ein „Am-Leben-vorbei-Leben".

Ein plötzlich heilsamer Augenblick, ohne Radiomusik, bei dem ich das anheimelnde Ticken der Wohnzimmeruhr wieder höre und ein paar Augenblicke meines Lebens wieder wahrnehme, dazu meinen Atem, den Wind, der ums Haus singt und das gerade sich verändernde Licht der Sonne, das sind dann gleichsam Anstöße zum „Anders-Leben".

Ich habe mir angewöhnt, dann die Armbanduhr abzulegen, die Zeit bewußt zurückzudrängen und zu lauschen auf das, was ich sonst überhöre: Da ist viel Leises, und wer kann denn behaupten, daß alles Laute angeblich das Wichtigste im Leben sei? (Übungen zum Wahrnehmen leiser Dinge finden sich darum in den Praxiskapiteln.)

Manchmal nehme ich mir Zeit, unterwegs zwischen zwei Terminen auf einen Parkplatz zu fahren, um einen Regenbogen zu beobachten, der plötzlich faszinierend am Himmel steht. Ganz sicher sind dies Augenblicke, die zählen, die Gewicht haben.

Einen Korb gerade geborener junger Dackel und die Hündin, die liebevoll ihre Kinder leckt, ein Viertelstündchen zu betrachten, das ist letztlich nicht verlorene, sondern gewonnene Zeit. Vor einem Brunnen zu stehen, den Künstlerhände vor Jahrhunderten liebevoll geformt haben, die Hände auf ein altes Spinett zu legen, auf dem vor Generationen jemand ein Liebeslied „für seine Eva" gespielt haben mag, dies sind wohl prägende Augen-Blicke. Unser Auge ruht endlich intensiv auf einer Sache und erahnt etwas vom Hintergrund. Solche Augenblicke des Wahrnehmens haben eine Art „Langzeitwirkung". Sie dringen tiefer ein, nämlich in jene Bereiche seelischer Wahrnehmung, die zu oft verarmen.

Wolfgang Kayser beschreibt das in einem Goethe-Essay so: „Jeder neue Gegenstand wohl beschaut, schließt ein neues Organ in uns auf." So steht der spielende Goethe nicht als Subjekt vor dem Objekt. „Er will sich einschwingen in die übergreifende Gestalt, sich einordnen, einformen".[1]

Als Kind besitzt der Mensch – seelische Gesundheit vorausgesetzt – diese Offenheit neuen Dingen gegenüber und diese Fähigkeit des Sich-Einschwingens. Als Erwachsener haben wir einiges „Training" nötig, wieder tiefer wahrzunehmen, zu staunen und uns anrühren zu lassen.

Mancher übt während des Urlaubs bewußtes, intensives Sehen, doch bald danach lebt er wieder fast blind dahin, nur noch die ganz groben, knalligen Reize werden wahrgenommen. Gedanken verschwenden wir dann kaum noch für das Undramatische, das Leise, das Hintergründige.

Zuweilen wird heute auch bewußte, wach-sensible Lebensweise als romatisch, nicht realitätsgerecht und lebens-

---

[1] Wolfgang Kayser, Kunst und Spiel. Fünf Goethe-Studien. Göttingen 1961.

fern bezeichnet, doch sind wir alle Menschen, die seelische Bedürfnisse haben. Achten wir auf diese Bedürfnisse nicht etwa durch ein ständiges Tempo-Leben ohne Muße oder durch pausenlose laute Außenaktivität, der kein inneres Auspendeln entspricht, so verkrüppeln wir an unserer Seele. Eindrücke nehmen wir immer weniger wahr, die Ausdrucksfähigkeit nimmt erschreckend ab. Kinder in unserer Nähe leiden darunter, ehe wir es bemerken. Hermann Nohl fordert den Erzieher auf, weniger einseitig, weniger distanziert und bloß dahinzuleben: „Wir müssen uns hingeben an eine Erfahrung und müssen sie dann einordnen in unseren seelischen Zusammenhang."[2]

In diesem Sinn ist das vorliegende Buch eine vielfältige Anleitung zum Erfahrungslernen, in dem Erwachsene und Kinder sich wieder den beobachteten Phänomenen „hingebungsvoll" zuwenden. Etwas mit „Hingabe" tun schließt oberflächliche, hastige Wahrnehmung aus.

Sind wir aber als Erwachsene wieder „ganz dabei" – beim Staunen über Regenbogen oder Sonnenblume – dann verändert uns dieses „Sich-in-die-Sache-Versenken". Von seiner Gestalt werden wir gestaltet.

Der Satz: „Das kenn' ich schon", enthält auch ein Stück geistig-seelische Trägheit, sich nochmals oder wieder ganz neu auf ein neues Beobachten einzulassen.

In der Fortbildungsarbeit mit Sozialpädagogen und Erziehern glaube ich zu beobachten, daß Offenheit, daß geistig-seelisches Wahrnehmungsvermögen zuweilen schon bei Zwanzigjährigen verkümmert oder tot ist und umgekehrt bei Erziehern im 5. und 6. Lebensjahrzehnt hochsensibel und aufregend wach sein kann. Zumeist läuft es auf die Fragen hinaus: „Wer findet das Leben (in Vordergrund und Hintergrund) aufregend?", und: „Wer arbeitet daran, im vollen Sinn des Wortes ein Mensch mit Leib, Geist und Seele zu sein?"

In jüngster Zeit bieten erfreulich viele Fortbildungsinstitutionen ganzheitliche, weniger einseitig verkopfte Werkstattwochen an, denn Erzieher kann man nur als

---

[2] Hermann Nohl, Erziehergestalten, Göttingen 1958.

stets lernoffene, ganze Person sein. Sind wir leer oder verschlossen, helfen alle klugen pädagogischen Programme
nicht. Das Wort Person leitet sich her vom lateinischen
„per-sonare": etwas darf durch uns hindurch tönen! Dies
geht wohl nur, wenn uns etwas „er-füllt", wenn wir
schwingungsfähig sind, ein- und ausdrucksfähig. Darum
enthält dieses Buch zunächst zu jedem Phänomen Übungen für Erwachsene und dann erst Übungen, die wir mit
den Kindern angehen können.

2. Offensein für Lernerfahrungen mit den Kindern als Partner

Mancher hat es schon erlebt: Kinder sehen mehr und sehen anders. Sie können uns allerlei lehren. Haben wir wieder mit ihnen das Schauen gelernt – „Schauen" bezeichnet
wohl einen tieferen Vorgang als unser Wort „Sehen" –,
dann sind wir Lernpartner. Wer wird wohl wem den nächsten Impuls geben? Für diese wechselweisen Impulse soll
ein Beispiel stehen:

Ich fuhr mit Kindern auf eine Nordseeinsel. Da geschah es immer wieder: Dinge, die ich übersehen hatte, über die ich hin-
weggegangen war, trugen sie heran. An jedem Stein entdeck-
ten sie etwas Besonderes, an jeder Muschel … Aber dann
lernte ich es ebenfalls wieder, und am Ende der Reise hatte ich
auch wieder „offene Augen". Sah ich etwas – und natürlich
schwang dann sogleich mein Erfahrungshintergrund dabei mit
– konnte ich nun mit leichtem Stolz sagen: „Und da seid ihr dran
vorbeigelaufen!" Und dann gruben wir gemeinsam einen Watt-
wurm aus …

In einem Fortbildungsprojekt schlug ich vor, jede Sitzung
mit einer Erzählviertelstunde zu beginnen: Was habe ich
in den letzten Tagen von einem Kind gelernt? In den ersten zwei Wochen hatten einige Erzieher und auch die
Leiterin der Einrichtung, eine Sozialpädagogin, Schwierigkeiten, etwas nennen zu können. Aber von Woche zu
Woche übten sie sich auch im Wahrnehmen solcher Lern-
momente. Zuweilen war es wirklich „eine Sache der Augen"; das Kind sah intensiver. Dann waren es Verände-

rungen in der Natur und schließlich Wahrnehmungen an Kolleginnen.

Da hatte ein Mädchen beobachtet und einer Erzieherin anvertraut, daß eine Raumpflegerin ihre Fröhlichkeit eingebüßt hatte. „Du, Frau Bernhard guckt immer so traurig, und sonst hat sie immer beim Fegen gesungen. Wollen wir ihr mal von unseren Blumen schenken?" Erstaunt erzählte dies die Erzieherin, denn tatsächlich stellte sich heraus, daß der Mann jener Frau Bernhard seit einiger Zeit todkrank in einer Klinik lag. Ein Kind – und kein Erwachsener der Einrichtung – hatte etwas von der Veränderung im Befinden der Frau beobachtet und herausgespürt.

An Kindern kann man auch die „Zwiesprache mit den Dingen", wie Spranger das genannt hat, beobachten. Sie reden nicht nur mit ihrem Teddy, nein, auch mit ihrer Sonnenblume, während sie sie pflegen, gießen, festbinden usw. Nun dürfte es uns als Erwachsene schwerfallen, wieder in diese kindliche Zwiesprachesituation zurückzufinden, aber es könnte uns, angeregt durch das Beispiel der Kinder, gelingen, daß die Dinge wieder zu uns reden!

Der Baum, der unlängst vor unserem Haus gepflanzt wurde, muß für uns nicht nur eine Straßenverschönerung und ein Luftverbesserer sein. Er kann zu uns reden als Abbild unseres Lebens! Mensch und Baum haben viele Ähnlichkeiten. In die Tiefe und in die Höhe strecken sich die Bäume. Ihre Verwurzelung ist wichtig, aber unserer Verwurzelung als Mensch schenken wir so wenig Beachtung. Ein Chanson ist überschrieben: „Mein Freund, der Baum". Freundschaften haben ihren wirklichen Wert im wechselweisen Sich-Bereichern. Einen Baum zu pflegen, ihn zu schützen, das wird immer wichtiger, aber sich von ihm nachdenklich machen zu lassen, zu „hören, was er von seiner Lebensweise sagt", das wäre Gewinn. Der Baum hat seine Phasen der Ruhe, des Kräftesammelns. Es lohnt sich schon, dies mit dem eigenen Leben zu vergleichen. Statt des kindlichen Phantasiegespräches könnte uns eine kleine Meditation gelingen, die uns den Baum, seine Lebensweise und andere Art zu leben bewußt macht.

Oft geht dieses Buch den Weg, daß in den Naturbildern auch Gleichnisse für das menschliche Leben erkannt werden. Unsere vielfach doppelbödige Sprache kann uns wieder empfindsam machen, welche geistig-seelischen Wirklichkeiten wir z.B. ausdrücken, wenn wir sagen: „Einen alten Baum soll man nicht verpflanzen."

Finden wir Zugang zu solchem empfindsamen, gleich-
nishaften Wahrnehmen von Naturphänomenen, dann
können wir unsererseits den Kindern tiefere Impulse geben, die deren Erfahrungsräume erweitern, neue Erfahrungen vorbereiten oder uns gemeinsame Erlebnisse
schenken, die tiefer greifen als flüchtige Eindrücke des
sonstigen „Reiz-Angebotes".

Schließlich ist gerade die Sprache ein Bereich, auf dem
nicht etwa immer der Erwachsene einsame Lernvor-
sprünge hat. Welche Ausdrucksdimension unsere Sprache
hat, das können Kinder uns nicht nur in ihren kreativen
Wortschöpfungen verdeutlichen[3], sondern auch in ihrem
bewußten Nachfragen.

So fragte eine Fünfjährige ihre Gruppenleiterin: „Meine Mutti
sagt, unsere Oma ist richtig wieder aufgeblüht! Aber die ist
doch schon viel älter als unsere Sonnenblumen, wann verwelkt
Oma?"
Zunächst berichtete die Erzieherin uns, wieviel sie in diesem
Augenblick von diesem Kind gelernt hatte. Der doppelte Boden
unserer Sprache war ihr gar nicht mehr so bewußt gewesen,
auch daß wir, um Seelisches auszudrücken, Vergleiche aus
dem Leben einer Blume nehmen. Dann aber wurde es eben zu
einer Partnerlernsituation, als das Gespräch, zu dem noch zwei
andere Kinder dazukamen, darauf hinführte, daß die Blume sich
auch der Sonne, dem Licht voller Freude öffnet. Dann blüht sie
ganz auf! Jene „Oma" hat wohl auch gerade eine große tiefe
Freude gehabt, das sieht man ihr an. Aber älter, schwächer,
krummer werden Sonnenblumen und Menschen. Sonnenblumen aber leben nur ein Jahr.
Die Erzieherin erzählte dann, wie gerade dieses Kind sehr
emotional an den sonnigen Herbsttagen von „ihrer Sonnenblume" gesagt habe, daß die heute richtig vor Freude strahle.
Hier vollzog sich ein Eindringen in Sprachebenen, die dem Kind
selbst auch Spaß machten.

Das entdeckende Lernen war aber eben nicht nur auf der
Seite des Kindes. Angestoßen durch die kindlich-boh-
rende Nachfrage wurde jetzt die Erzieherin – nach ihren
eigenen Angaben – wieder sensibler für die Bildhaftigkeit

---

[3] Siehe dazu Hedi Friedrich, Auf Kinder hören – mit Kindern reden. Gespräche
und Spiele im Kindergarten. (Praxisbuch Kindergarten) Herder, Freiburg – Basel –
Wien 1983.

unserer Sprache und nachdenklicher für das Gleichnis von Werden – Vergehen – Neuwerden im Bild der Sonnenblume.

3. Offensein für wiederholendes Lernen am Jahreslauf

Heinrich Dietz, ein Spranger-Schüler, hat für den Raum deutschsprachiger Pädagogik erstmals erforscht, unter welchen Bedingungen haftende Lernerfahrungen besonders nachhaltig gelingen können. Neben dem Gelernten, das wenig Gestalt gewonnen hat und das von uns nur mühsam auf rationalem Weg noch eine Zeitlang gleichsam „zurückgepumpt" werden kann, weist Dietz auf jene Lernerfahrungen hin, die farbig und lebendig über Jahre bleiben. Man kann sich immer wieder zu ihnen wie zu einer Quelle „zurücktasten, weil sie im Entstehen wesentliche Spuren hinterließen"[4]. Neben mancher lebendigen Lernerfahrung in Spiel und Alltag hinterlassen vor allem Feste in uns ihre Spuren! Während einförmige Eindrücke verblassen, bleiben sie in ihrer leuchtenden Gestalt unser Besitz. Erfahrungen, die wir in früher Kindheit durch Feste machen, sind von bleibendem Wert, und sie prägen uns. Neben dem alljährlichen Geburtstag gewinnen da vor allem die Feste im Jahreskreis große Bedeutung. Sie kehren immer wieder, dem geliebten Refrain eines Liedes vergleichbar.

Jeder Pädagoge weiß um den Wert der Wiederholung. Aber hier bei den immer wiederkehrenden Jahreskreisfesten geschieht mehr als etwa nur Wiederholung eines Lernstoffes. Weil wir ein schönes Fest mit der Ganzheit unserer Wahrnehmungsmöglichkeiten aufnehmen und auskosten können, sind wir hier mit bewußten und unbewußten Schichten unseres Wesens beteiligt. Dem Refrain-Charakter der Feste im Jahr kommt darum auch tiefenpsychologisch große Bedeutung zu.

---

[4] Siehe Heinrich Dietz, Erziehung braucht Phantasie. Ehrenwirth-Verlag, München, Seite 113.

Nach tiefenpsychologischer Erkenntnis macht der Mensch nur dort wirklich prägende Erfahrungen, wo auch die unbewußten Strukturen seiner Person mitschwingen können, also über das Bewußtsein hinaus auch Schichten des Unterbewußten.[5] Eine gottesdienstliche Feier an Karfreitag und Ostern mit ihrem Kontrast von Trauerklängen am Karfreitag zum Lobgesang der Osternacht und des Ostermorgens hat nicht nur rationale Wirkung auf uns! Für den Lebensraum Kindergarten gewinnen darum gut gestaltete Osterfeiern, Johannesfeuer u. a. an Bedeutung. Naht dann nach einem Jahr wieder das Osterfest oder der Johannes-Tag, dann beginnen die Chancen für refrainartige, wiederholende Lernerfahrungen[6]; das gleiche gilt für die Fastnachtfeiern. Im ersten Kindergartenjahr war dies alles noch überwältigend neu. Abgesehen von einigen wenigen Details blieb zunächst ein festlich-froher Gesamteindruck. Seine Folge ist im nächsten Jahr eine intensive Erwartungshaltung. Während der neuen Vorbereitungen zum Fest werden in Gesprächen manche Erinnerungen vom Vorjahr neu bewußtgemacht. Da aber in 12 Monaten die kognitiv-emotionalen Fähigkeiten des Kindes weiter gewachsen sind und auch die sprachlichen Möglichkeiten sich ausgeweitet haben, führt die „Refrain-Begegnung" zu vertiefenden, zum Teil auch zu ganz neuen Erfahrungen. Neue Details prägen sich ein, neue Fragen tauchen auf. Aufgrund der gewachsenen Fähigkeiten steigen die äußere und innere Teilnahme des Kindergartenkindes am Fest. Der Erzieher wird auch die Freude des Kindes, ja seine Sehnsucht nach bestimmten Ritualen herausspüren, die nahezu unverändert jedes Jahr wiederkehren. Das Kind fühlt sich in ritualisierten Abläufen heimisch, es wartet darauf, freut sich über Bekanntes, (spürt) genießt ein Gefühl von Sicherheit („Ich weiß, was

---

[5] Der Tiefenpsychologe H. Barz hat über diesen Zusammenhang ausgiebig gearbeitet. Vgl. dazu seine Ausführungen in: H. Barz, Selbsterfahrung. Kreuz-Verlag, Stuttgart 1973, Seite 153.
[6] Der Begriff des „refrainartigen Lernens" ist von mir im Konzept der „Katechetischen Spielmappen" (Christophorus- und Kaufmann-Verlag), so vor allem in der Mappe „Pfingsten entdecken", formuliert und entfaltet worden.

jetzt kommt!") und ist doch voller Spannung. Nicht selten wird auch Neues entdeckt, jetzt tiefer verstanden und liebgewonnen.[7]

Das wiederholende „Immer-tiefer-Eindringen" in ein Festthema bietet die Chance, bleibende Erfahrungen zu vermitteln, Bilder in seelische Tiefen sinken zu lassen, die ein lebenslanger Besitz bleiben. Erzieher, die dies erkannt haben, nutzen die Feste und Jahreszeitenimpulse bewußter aus. Wer sich als Erwachsener in diese kreisenden Rhythmen eines Kalenderjahres stellt und Wandel ebenso wie Stetigkeit darin bestaunt, kann Kindern überzeugender wachsende Lernerfahrungen vermitteln und aus neu gestärkter eigener Empfindsamkeit und Betroffenheit ihnen partnerschaftlich entfalten: Unser Leben im Kreislauf der Schöpfung Gottes ist Gabe und Aufgabe.

---

[7] Auch schon der Theologe Tillich konstatierte, daß bei wirklich prägenden Lernerfahrungen Bewußtes und Unbewußtes berührt sein muß. Vgl. dazu Tillichs „Gesammelte Werke", Band 8, Seite 114.

2. Vom Schmelzen, Auftauen und Zerrinnen

A. Zur Einstimmung

Vor mehr als zehn Jahren veröffentlichte eine Elternzeitung ein ungewöhnliches Foto: Ein kleiner Schneemann hing – offenbar zum Aufbewahren – mitten zwischen den anderen eingemotteten Wintersachen in einem Plastikbeutel auf einem Kleiderbügel; ein wenig fing er in der Wärme schon an zu schmelzen. – Eine Kindergartenleiterin hatte diese Zeitschriftenseite ausgeschnitten und aufbewahrt. Nun, nach einigen Jahren, zeigte sie ihrem Mitarbeiterteam dieses ungewöhnliche Foto. In einer Teerunde schlug sie vor, dem Bild eigene Überschriften zu geben. Ein paar Zettel und Kugelschreiber hatte sie bereitgelegt. Das Foto erregte sofort Interesse, und nach wenigen Minuten hatten alle in der Runde einen Bildtitel ausgedacht und ihn aufgeschrieben, z. B.: „Schade, die Freuden des Winters kann man nicht festhalten!" – „Wenn's warm wird, hat er ausgedient!" – „Im Schrank zerschmilzt die Herrlichkeit" – „Der Kleiderschrank ist kein Kühlschrank" – „Bald ist er aufgetaut" – „Frühling ist traurig für Schneemänner, da zerrinnen sie". Kaum hatte man diese Bildtitel gehört, ergab sich ein Streitgespräch, welcher Begriff eigentlich besonders negativ sei: „Schmelzen", „Auftauen" oder „Zerrinnen" …

B. Religiös-biblische Dimension

Das Vergehen einer Jahreszeit und das Heraufziehen einer neuen sind Zeichen für das Verrinnen von Zeit. Menschen, die über das Verrinnen ihrer Lebenszeit nachdenken, benutzen seit eh und je auch die Vergleiche zu den Jahreszeiten in der Natur. So ist die Rede vom „Frühling des Lebens" und vom „Herbst des Lebens". Im Bild des Ablaufs eines Tages spricht man vom „Morgen des Lebens" und vom „Abend des Lebens". Beim Prediger Salomo kann man die alttestamentliche Weisheit lesen: „Alles hat seine Zeit ..." (vgl. 3, 1)

Als Impuls für eine Gesprächsrunde über das Verrinnen der Zeit bieten sich die beiden nachfolgenden Gedichte für Erwachsene an:

> Zeit verrinnt wie aus Händen der Sand,
> und wer fragt, ob noch viel in der Hand,
> bleibt ohne Antwort, weil Gott es so will.

> Zeit – Zeit – Zeit
> hält uns Gott bereit.
> Zeit – Zeit – Zeit
> ist Gelegenheit,
> Spuren Gottes überall zu seh'n,
> und den ander'n besser zu versteh'n:
> Zeit – Zeit – Zeit.

Impuls: Man bedenke, wenn *Zeit* Geschenk oder Chance bedeutet und sie kostbar ist, aber unwiederbringlich vergeht, wie seltsam dann die Redewendung vom „Zeit totschlagen" wirkt.

C. Übungen für Erwachsene

I. In einer Gesprächsrunde suchen wir Beispiele aus dem physikalischen und dem menschlichen Bereich:

> Was kann schmelzen? ...
> Was kann auftauen? ...
> Was kann zerrinnen? ...

Ob der Begriff des Zerrinnens im physikalischen wie im menschlichen Bereich am negativsten empfunden wird? Für Eis und Schnee in der ersten Frühlingssonne benutzen wir alle drei Verben: schmelzen, auftauen, zerrinnen.

II. Meditation vor einem Schneeglöckchen:
Da stehst du nun und grüßt mich leis'. Ob du weißt, wie ich auf die erste Blume nach dem langen Winter gewartet habe?
Da stehst du nun, du hast dich durchgekämpft!
Aber die Sonne hat dir Bahn geschaffen. Dort am Rand liegt noch ein Rest von Schnee, grau und wenig ansehnlich, seine Zeit ist vorbei.
Da stehst du nun, kleines Schneeglöckchen, bist Frühlingsbote, klein und zart. Weiß ist deine Blüte, so weiß wie der Schnee, doch dein Grün zeigt mir, bald wird es sprießen überall. Verwandlung wird geschehen. Die Schneeschmelze war die erste Verwandlung. Ob in mir und in manchen Menschen um mich her auch die Verwandlung geschieht: Gefrorenes taut auf, Hartes wird weich und sanft, Leben und Empfinden werden wieder farbiger?
Da stehst du nun, kleines Schneeglöckchen, wirst von vielen überseh'n.
Ich will nicht wie blind an dir vorübergeh'n, denn deine Zeit ist auch bemessen. Dann wirst auch du welken, und anderes blüht auf.

(Querverweis: Ein Lied von den Verwandlungen siehe Kapitel 6.)

D. Übungen mit Kindern

I. Nach Spaziergangentdeckungen mit schmelzendem Schnee und ersten Schneeglöckchen versuchen wir, uns in einer Phantasieübung in einen immer kleiner werdenden Schneehaufen und in ein neben ihm stehendes Schneeglöckchen einzufühlen. Die ersten Impulse gibt die Erzieherin: „Ich freu' mich über die Sonne", sagt das Schneeglöckchen. „Ich ärgere mich über die Sonne", sagt der Schneehaufen. – Nun ist es für die Kinder nicht schwer, den Phantasiedialog weiterzuspinnen. Die Blume wird schön und schöner, der Schneehaufen immer kleiner und häßlicher.

II. Zum Aufblühen des Schneeglöckchens und zum Schmelzen des Schnees erfinden wir mit den Kindern auf Orffschen Instrumenten charakteristische Klänge. Zarte Töne, die sich in der Melodielinie aufrichten, oder ein sanftes Spiel mit Terzen bieten sich für unsere Schneeglöckchenmusik an, und für den

Schneehaufen vielleicht wenige fallende, bald monotone Klänge. Vielleicht haben die Kinder auch Wassertropfen beim Vorgang des Tauens beobachtet: dann imitieren sie auf einem Altxylophon mit weichem Schlegel fallende Schmelzwassertropfen.

Natürlich könnte auch eine Gestaltungsform erfunden werden, die aus der Übung I kleine Dialogelemente mit den Klängen von Übung II verbindet.

III. Wenn man in den allerersten Vorfrühlingstagen Übungen zum Hören auf leise Dinge wagt, kann es geschehen, daß Schmelzwasser, das aus Regenrinnen oder vom Dach tropft, von den Kindern bewußt wahrgenommen wird. Eine Tropfenmusik muß nicht immer auf Instrumenten nachgestaltet werden. Mit kleinen Blechbüchsen unterschiedlicher Größe läßt sich eine Musik der Tropfen auch an jedem Wasserhahn „nachspielen". Dazu dreht man den Hahn fast zu und hält unter langsam fallenden Tropfen bald eine kleine, leere Büchse, bald eine etwas größere. Schon hat man eine Zweitonmusik. Eine kleine Pause erreicht man, indem einfach ein bis zwei Tropfen in einem Tuch geräuschlos aufgefangen werden, dann aber hält man wieder unterschiedliche Büchsen unter den Hahn. Mit einem Kassettenrekorder kann man solche Tropfenmusik meist mühelos aufnehmen. Es empfiehlt sich nur, ein dünnes Tuch zum Schutz über das Gerät zu legen. Zur fertigen Tropfenmusik könnten wir dann, vielleicht am nächsten Tag, sogar eine Geschichte erfinden: Was sich die Tropfen jetzt im Frühling erzählen ...

IV. Die nachfolgende kleine Erzählung könnte in einem Malspiel wie eine Moritat bebildert werden:

„Norbert wohnte mitten in der Stadt in einem Hochhaus. Rundherum gab es wenig Raum zum Spielen, und zum Park war es mehr als eine halbe Stunde Fußweg. So spielte Norbert oft auf dem Balkon, warm angezogen auch zur kalten Jahreszeit. Manchmal versuchte er, aus dem wenigen Schnee dort auch einen Zwergenschneemann zu bauen. Das machte ihm Spaß. Im März, wenige Wochen vor Ostern, fiel nochmals Schnee. Wieder machte sich Norbert daran, einen wunderschönen kleinen Zwergenschneemann zu bauen. Norberts Mutter hatte gesagt: „Das wird wohl der letzte Schnee sein, dann kommt endlich richtig der Frühling!" Norbert ging es durch den Kopf „Wenn dies der letzte Schnee ist, dann will ich meinen Schneemann aufheben. Ich mache auch einen ganz besonders kleinen." Dann holte er sich eine Plastiktüte und steckte seinen winzigen Zwergenschneemann hinein. „Den will ich aufheben", sagte er. Für einen Augenblick dachte er daran, ihn in den Kühlschrank zu legen, aber dann meinte er, die Mutter würde sagen, da sei

kein Platz zwischen Wurst, Eier und Butter. So nahm er ihn mit
in sein Zimmer, holte einen Kleiderbügel aus dem Schrank und
hing den Schneemann im durchsichtigen Plastikbeutel auf.
Ganz hinten bei den Jacken und Mänteln, da sollte er an der
Kleiderstange versteckt hängen. Stolz über sein Geheimnis
schloß er den Schrank. Gleich nach dem Mittagessen huschte
er wieder in sein Zimmer, aber da sah er etwas sehr Trauriges:
Sein Zwergenschneemann war zerschmolzen! Im warmen Kleiderschrank sah er unten im Plastikbeutel nur schmutziges Wasser. „Schade", dachte er, „ich wollte ihn doch wenigstens eine
Weile aufheben."

Ergänzende Materialhinweise:

a) Unter den vielen Strophen des Liedes „Wolke, Wolke, Wüsten warten" (siehe Kap. 13) gibt es auch eine Winterstrophe,
die möglicherweise als Vorbereitung der obigen Übungen angeführt werden kann, vor allem dann, wenn die Kinder Piet Janssens Melodie gern spielen:

> Schnee deck, Schnee deck zu die Felder,
> Berge, Berge, Berge,
> Wiesen, Felder.

b) Wer die Idee der Wassertropfenmusik weiter vertiefen
möchte, kann im 1. Band „Spielbuch Religion" (W. Longardt,
Verlage Benziger und E. Kaufmann) weitere Tropfenspiele fin-
den (Seite 130–131), ferner im Taschenbuch der Reihe EL-
TERNZIELE Verlag Herder): W. Longardt, Freie Bahn für
Phantasie (Seite 51–53).
c) Ein kleines Märchen, in dem ein Schneehaufen und ein
Schneeglöckchen sowie eine junge Birke die Hauptpersonen
sind, findet sich mit kreativen Spielvorschlägen in der Reihe
GTB-Siebenstern Nr. 881, Seite 56: „Wie das Leben durch die
Welt wandert."

3. Von Stab und Stecken am Wege

A. Zur Einstimmung

Wer mit Kindern in einen Wald wandert, der erlebt immer wieder, daß sie sich bald einen Stock suchen: halb ist er Wanderstock, halb Werkzeug, jedenfalls eine Ausrüstung, die begehrt ist.

Zum einen ist für Kinder jede Waldwanderung ein Stück Ur-Entdeckung, unbewußt erinnernd an jene ambivalente Charakteristik des Märchenwaldes, der einen mit Schönem und Verborgenem lockt, zum anderen aber Unsicherheiten und Gefahren birgt. Zum anderen bedeutet es in der Menschheitsgeschichte viel, einen Stock, einen Stab in der Hand zu haben, ihn zu heben wie zum Zeichen der Kraft. Auch jene Kinder, die weit davon entfernt sind, etwa mit dem Stock Kampf und Streit zu suchen, fühlen sich mit einem solchen Holz in der Hand unbewußt ein Stück gewappneter, sicherer, größer.

B. Religiös-biblische Dimension

Von Mose, der einige Zeit seines Lebens als Hirte tätig war, wird erzählt, wie er in der Stunde seiner Berufung am brennenden Dornbusch (man lese dazu 2 Mose, Kap. 3 u. 4) von Gott auf seinen großen Hirtenstab hin angesprochen wird. Der Stab verwandelt sich in eine Schlange, Mose wurde mit besonderer Kraft begabt. Später führte er mit diesem Stab das Volk Israel, teilte das Wasser, schlug mit dem Stab Wasser aus dem Felsen.

Im Neuen Testament erzählt Jesus seinen damaligen Zuhörern, denen die bäuerliche Welt vertraut war, manches Beispiel vom Hirtenleben. Der Hirtenstab ist wichtig beim Hüten der Herde. Und im 23. Psalm wird der barmherzige Gott als guter Hirte gelobt, der mit „Stecken und Stab" die Seinen tröstet und bewahrt.

C. Übungen für Erwachsene

I. Es lohnt sich, einmal in einem Brainstorming[1] aufzuschreiben, woran uns das Wort *„Stab"* spontan denken läßt. Vielfach wird ähnliches aufgeschrieben wie: Dirigentenstab, Staffelstab, Zauberstab, Königszepter, Marschallstab, Bischofsstab, Stabreim-Buchstabe, Stützstab für kleine Pflanzen u. ä. Dann könnte man überlegen, was ist da an gemeinsamer Grundbedeutung zu finden?

II. In einem Erzieherseminar zum Thema „Aufbrechen und Sich-Lösen" meditierte man Volks- und Kinderliedstrophen. Man entdeckte auch, wieviel Weisheit im Lied „Hänschen klein" verborgen ist. Heute wird es in der Regel meist in verstümmelter Kurzform gesungen, was dann inhaltlich so wirkt, als sei Hänschen nach kurzer Zeit wiedergekommen. In der Urfassung wird aber in 7 Jahren aus Hänschen ein Hans, ein Mann. „Sieben Jahr, trüb und klar, Hänschen in der Fremde war, braungebrannt Stirn und Hand wird er wohl erkannt ..." usw. Die Seminargruppe aber blieb vor allem an den Bildworten „Stock und Hut" (Str. 1) stehen und reflektierte zunächst still jeder für sich und dann gemeinsam, was etwa mit dem Bild von Stock oder Stab alles gemeint sei (später dann natürlich auch mit dem Bild vom Hut). Beides gibt gewiß ein Gefühl des Größer-Seins, läßt den Loswandernden sich geschützter, sicherer fühlen. Die Gruppe fand dann heraus, was man mit einem Stock eben alles tun kann: Tasten, etwas erreichen, was weiter weg ist, als der Arm reicht, jemand sich vom Leibe halten, sich stützen usw. Ob Sie diese Überlegungen fortsetzen?

---

[1] Das Wort kommt aus dem Englischen und bedeutet „Geistesblitz". Man bezeichnet damit eine gedankliche Übung, wobei von jedem Teilnehmer zu einem Thema aufgeschrieben wird, was ihm spontan einfällt.

III. In einer Imaginationsübung kann man sich mit geschlossenen Augen an Kindheitsspiele im Freien erinnern. Vielleicht tauchen Erinnerungsbilder auf von Spielen mit einem Stab und einem Reifen, von Spielen mit Stelzen u. ä. Macht man diese Übung mit einem Erzieherteam, wird danach viel zu erzählen sein.

D. Übungen mit Kindern

I. Wir lassen mit einem Stab und verbundenen Augen Tastübungen machen: Wo liegt etwas im Weg, wo kommt eine Schwelle u. ä. Vielleicht erzählen Kinder, daß sie schon einmal einen Blinden mit seinem weißen Blindenstock gesehen haben. Für ihn ist der Stock sehr wichtig.

II. Ganz sicher kommen die Kinder nun auch auf Stöcke von Gehbehinderten und von älteren Leuten zu sprechen. In entsprechenden Gehübungen erproben wir, wie ein Stock stützen und helfen kann, wenn etwa ein Bein krank ist und schmerzt. Es ist nicht selbstverständlich, gesunde Beine zu haben. Doch manche Menschen könnten ohne Stock oder ohne Krücken (zwei Stützstöcke!) keinen Schritt laufen.

III. Mit einem Lied, das die Gruppe gut kennt, kann man nun Dirigent spielen lassen. Ein Kind leitet mit einem Dirigentenstab die Musikkapelle, in der vielleicht jeder pantomimisch sein Lieblingsinstrument spielt und auf die beliebte Melodie in einer Klangsilbe das Instrument nachahmt. Aber alle Kinder schauen auf den Dirigentenstab. Dort bekommen sie Zeichen für den Einsatz, für das Tempo, für die Lautstärke und auch für den Schluß.
Natürlich kann man auch ohne Stab dirigieren, aber besonders bei vielen Sängern und Musikern wird es deutlich: Der Dirigentenstab verlängert den Arm des Kapellmeisters, so ist er besser und von größerer Ferne aus zu erkennen.

IV. Selbst in städtischen Regionen ohne Schafzucht und sonstiger Landwirtschaft sind Kinder heute über das Fernsehen mit der Tätigkeit von Hirten bekannt. Sie sehen Filme aus anderen Ländern und Gegenden, in denen große Viehherden, Kühe, Schafe von einem Hirten mit Stab und Hund „dirigiert" werden. Das kann man schön nachspielen ...

V. Vielleicht will man hier Jesu Geschichte vom guten Hirten, der das verirrte Schaf sucht, erzählen, vertiefen, malen und spielen lassen. Man lese dazu Luk 15, 4–10. Die Grunderfahrung, geliebt zu werden, wichtig zu sein, schließlich gefunden zu werden, Zärtlichkeit und Geborgenheit neu zu erleben, dies ist für Kinder ganz sicher eine sie in ihren seelischen Tiefenschichten anrührende Geschichte. Freilich kann diese Botschaft wohl nur dann in sie „einsinken", wenn man hier mit Muße und methodisch vielfältig vertiefend arbeitet.

VI. Nach der Entfaltung einer solchen zärtlichen Geschichte, wie die vom wiedergefundenen kleinen Schaf, kann auch weiter sensibilisiert werden für den behutsamen Umgang miteinander. Mit einem Stock kann einer den anderen verletzen, ihm Schmerz zufügen. Die Augen, die so verletzlich und so besonders kostbar sind, gilt es bei allem Spiel zu schützen. Auch gerade beim Spiel mit Stäben und Stöcken.

Hamburger Kindergärten haben nach rhythmisch-musikalischen Werkstattseminaren des „Evangelischen Zentrums Rissen" in vielfältiger Weise Sommerfeste unter dem Motiv „Stab und Stock und Stütze" gefeiert. In den Vorwochen erfand man mit gekauften Rundstäben und mit Stäben aus dem Wald, die sorgfältig geglättet waren, immer neue Spiele:

- Auf zwei Stöcken konnte man ein Lied begleiten;
- mit Stöcken konnte man tanzen, denn nun hatte man gleichsam „drei Beine"(!);
- mit Stöcken konnte man Fußbodenbilder legen (Irrgärten, Wege, Sonnen u. a.);
- die Stöcke konnte man oben mit bunten Bändern schmücken für Festzug und Tanz;
- mit den Stäben und Stöcken konnte man Geschicklichkeitsspiele machen (einen Ball treiben, mit zwei Stäben eine Kugel balancieren) u. ä.;
- im weichen Sand konnte man aus Stöcken die Grundstützen für ein Zelt stecken, Tücher darüber breiten und vieles mehr.

Die Eltern wurden natürlich mit einer „Stabreim-Rede" zu diesem Fest begrüßt:

> „Wir grüßen alle standfesten, stolzen Stab- und Stock-Fest-Gäste!   .
> Stützen Sie sich auf ihre Stöcke, daß Sie nicht in den Staub fallen.
> Stolzieren Sie stundenlang von Stand zu Stand, ohne zu stürzen.
> Vielleicht wagen Sie auch das Stelzenlaufen und haben ein schönes Stab- und Stockfest in unserem stabilen Kindergarten."

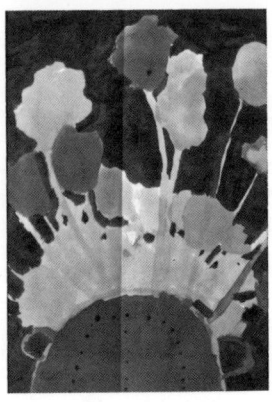

4. Wünschen –
Träumen – Phantasieren

A. Zur Einstimmung

Im Bild des Vogels haben Menschen schon von jeher ihre
Wünsche und Sehnsüchte ausgedrückt. Das gilt für die
Liebenden („Wenn ich ein Vöglein wär und auch zwei
Flügel hätt!") wie für andere Hoffende, Träumende, die
einer Taube ihre Wünsche anvertrauen, einer Lerche, ei-
nem Adler o. ä. Nicht selten auch sind Wolken gleichsam
Projektionsträger von Wünschen.

Wünsche steigen oft aus der Tiefe unseres Wesens auf.
Nicht alle können wir gleich artikulieren, manche ver-
drängen wir eine Zeitlang. Zur seelischen Gesundheit gehört es aber, daß wir unsere Wunsch-Phantasien nicht
„einsperren", sondern sie zumindest in Sprache, Klang,
Bild und Spiel Gestalt werden lassen.

In Frühling und Sommer führt das Betrachten von
Schmetterlingen, Vögeln und Wolken ganz natürlich zu
intensiven Wünschen. Unsere Sehnsucht geht auf die
Reise, unsere Phantasie wird Gestalt. Dies geschieht
[ebenso] in unseren Träumen, die für unser Leben wichtig
sind. Würde man uns längere Zeit den Schlaf verwehren
und damit die Chance, periodisch in's Unbewußte gleichsam wieder hinabzutauchen, würden wir Schaden nehmen
und krank werden.

Der Mensch ist auf den Austausch der Schichten des
Bewußtseins mit denen des Unbewußten geschaffen. Die
Seele lebt von Bildern und lebt in Bildern! Unsere Phanta-

sie ist eine seelische Fähigkeit, die gepflegt sein will. Heinrich Dietz hat die unterschiedlichen Spielarten der Phantasie[1] in ihrer Bedeutung für das lebenslange Lernen definiert. Jeder Mensch hat Phantasie, aber wenn man beginnt, sie eines Tages zu unterdrücken, lebt sie unterentwickelt und verschüttet weiter, kann aber wieder geweckt werden. Zum Beispiel haben Liebende Phantasie. Doch auch hier geht ohne Pflege, ohne Trainieren des „Sich-in-den-anderen-hinein-Versetzens" bald viel verloren. Früher nannte man die Phantasie die „scientia intuitiva".

Wollen wir ausdruckfähige, partnerfähige Kinder heranwachsen lassen und sie behutsam in der Balance von „Wachsenlassen und Führen" begleiten, dann geht dies nicht ohne häufige Angebote des Phantasierens, Träumens, Wünschens, denn so pflegen wir seelische Kräfte.

B. Religiös-biblische Dimension

Ein in modernen Gottesdiensten und auf Kirchentagen viel gesungenes Lied beginnt mit den Worten: „Wir haben einen Traum, und wenn auch alle lachen ..." In der Tat entdecken wir heute wieder die Kraft von Zukunftsvisionen. Ein wenig hat sich auch im deutschen Sprachgebrauch die Bewertung der Worte „Träumen" und „Vorausträumen" positiv gewandelt. Es läßt sich einfach nicht mehr aufrecht erhalten, daß Träumer solche seien, die der Verantwortung und der Gegenwart entfliehen. Auch Martin Luther-King kann dafür als Beispiel gelten. Seine berühmte Rede kurz vor seiner Ermordung begann mit den Worten: „I had a dream ..." („Ich hatte einen Traum ...") Noch lange wird das Leben und Handeln dieses Mannes wirken, vielleicht gerade, weil er über den Tag hinausträumte, Zukunftsvisionen mutig aussprach. Phantasie für morgen, die ermutigt, heute schon erste Schritte zu wagen, kann beflügeln. Auch Gandhi kann in seiner religiösen und politischen Wirkkraft hier angeführt werden.

Vgl. Anm. 4, S. 16.

In der Bibel wird nicht selten davon erzählt, daß Gott die Träume von Menschen dazu benutzt, um ihnen Klarheit über den Zukunftsweg zu geben. Solche Erfahrungen sind unseren heutigen tiefenpsychologischen Erfahrungsweisen recht nahe. Aus den Tiefenschichten unserer Seele steigen Bilder auf, die Klärungen bringen können.

In Matth. 27, 19 wird geschildert, wie die Frau des Pilatus im Traum leidet. Ihr Mann ist im Begriff, einen Gerechten zu verurteilen. Josef erhält im Traum die Weisung, vor Herodes zu fliehen (Matth. 2, 13).

C. Übungen für Erwachsene

I. In einer Mitarbeitergesprächsrunde reden wir darüber, wieweit das nachfolgende Zitat von P. Kristudas von unseren Erfahrungen her bejaht oder abgelehnt wird:

„Wünsche und Träume ...,
haben die Kraft, die Welt zu ändern,
zum Guten oder zum Bösen,
je nachdem,
was man sich wünscht oder erträumt."

II. Mit Fingerfarben versucht jeder, einen Wunschtraum (vielleicht auch aus der Kindheit) und einen Angsttraum großflächig zu malen. Als Anreiz für alle anderen, die nachher die Traummalereien betrachten, erfindet jeder für seine Bilder mehrere deutende Titel und schreibt sie darunter. Gewiß wird ein Titel zum Wunschtraumbild und einer zum Angsttraumbild einem persönlich besonders nahe sein, aber die Aufgabe, noch andere Titel dafür zu formulieren, weitet die eigene Sichtweise und eröffnet den späteren Betrachtern vielleicht mehrere Perspektiven[2]. Ganz am Ende steht es jedem frei, zum eigenen Bild den „Favorit-Titel" zu nennen.

---

[2] Diese Erfahrung, daß mehrere Bildtitel mehrschichtigen, offenen Umgang mit Traumbildern geradezu provozieren, wurden in Hamburger Erzieherseminaren gewonnen und werden darum hier als Anregung weitergegeben, falls man sich einmal der Übung unterzieht, auch im Mitarbeiterkreis Traumbilder zu malen und dazu eigene Titel mit Deutungsvarianten zu erfinden. Hochinteressante Auswertungsgespräche sind dann nahezu immer die Folge.

D. Übungen mit Kindern

I. Nach Gruppengesprächen über unsere Träume gibt die Erzieherin zwei Impulse zur Auswahl: „Ich träumte, ich wäre ein
Riese!", und: „Ich träumte, ich wäre ein Zwerg mit einer Tarn-
kappe!" Nach kurzem Spontanecho unter den Kindern werden
Fingerfarben angeboten und großflächiges Malpapier.

Dazu aus einem norddeutschen Kindergarten ein kleiner Praxisausschnitt: „Der Phantasiepflege geben wir breiten Raum, in
der Rhythmik wie in Klangspielen, in der Spracherziehung wie
im Malen. ‚Du', sagte eines Tages ein fünfjähriger Junge, ‚ich
hab' geträumt, daß ich Flügel hab' und fliege!' Er erzählte mir
dann ein paar Stationen seines Traumes, vom Flug zu Elefanten
in Afrika, vom Reiten auf einem Nilpferd bis zum Baden in einem
Zaubermeer. Schließlich bat ich ihn, mir davon Bilder zu malen.
Als wir sie in der Gruppe besahen, war dies der Start für eine
ganze Reihe von Aktivitäten zum Thema „Träume und ganz
große Wünsche". Für viele Kinder war das Ausphantasieren dieser Träume in Farben genauso wichtig wie in Worten. Die Drei-
bis Vierjährigen kamen vielfach zu riesigen Wortketten, ‚und
dann ... und dann ... und dann', die Fünfjährigen konnten das
schon in zum Teil erstaunliche Sätze fassen. Dieser Über-
schwang an Phantasie als Impuls zum Sich-Ausdrücken bis an
die Grenze der augenblicklichen Fähigkeiten faszinierte mich,
und für die Kinder war es eine solche Befreiung, daß ich dies
nun alljährlich thematisieren will. Wachsende Ausdrucksfähigkeit soll hier besonders freien Gestaltungsraum finden. Da
sagte ein Vierjähriger: ‚Ich bin geworden, bin geworden, alle
Farben zum Ausdenken, so ein schöner bunter Vogel!' Immer
weiter malte er als Darstellung seines Vogeltraumes, malte bis
zur Erschöpfung. Ein Junge von fünfeinhalb Jahren spezifizierte
sein Traumvogelgefieder: ‚Für das Runterfliegen habe ich
dunkle Federn, zum Hochfliegen hellblaue und für die Kurven
beim Regenbogen solche wie der Regenbogen.' Er malte das
auch so differenziert." (Ende des Ausschnittes aus einem Praxisbericht)

II. Wer das „Kinderwolkenlied" (siehe Kap. 13) immer wieder
für neue Impulse und sich ausweitende Erfahrungen einsetzt,
kann einmal eine neue Strophe dichten. Hier eine Anregung:

> Wolke, Wolke,
> kannst uns zeigen,
> was man sieht beim Immer-höher-Steigen.

Im Rollenspiel lohnt es sich, solchen Wolkenflug, bei dem wir
als Gastflieger mit dabeisein können, auszuphantasieren. Be-

stimmt startet und landet die Wolke mit uns ganz sanft, und wir sitzen schön weich auf ihr ...

III. Ob Sie nicht auch einmal den guten alten „Häwelmann" nach dem Erzählen mit den Kindern bebildern? Das kann ein sehr phantasievoller Fries werden. Eine solche Phantasie-Geschichte aber weitet das Vorstellungsvermögen ungemein. Vielleicht kommt es zu Häwelmann-Variationen.

IV. Im Bereich religiöser Erziehung bietet das Paradies-Thema besonders viele Phantasie-Impulse. Da, wo Lamm und Löwe friedlich beieinander liegen, ist unsere Kreativität herausgefordert. – Auch ein vielleicht großflächig modelliertes Gemeinschaftswerk der neuen Welt Gottes, ohne Tod, ohne Krieg, ohne Tränen, ohne Krankheit, in der alle Rassen in Frieden beieinander leben, gibt reiche Chancen zum Ausleben der Phantasie.

In Verbindung mit Jesus-Worten, daß sein neues Reich jetzt schon anbricht, wo zwei oder drei beieinander sind, sich versöhnen und miteinander das Brot teilen, gewinnt solch ein Projekt besondere Bedeutung. Es ermutigt zum konkreten Handeln.

5. Vom Keimen und Zum-Licht-Durchdringen

A. Zur Einstimmung

In vielen Kindergärten, Kindertagesstätten und Kindergruppen beschäftigt man sich mit dem Gegensatz *hell – dunkel* (Finsternis – Licht). Dies geschieht zu recht unterschiedlichen Jahreszeiten, vor Weihnachten ebenso wie im Frühling und zu Ostern. Was dort oft am Kontrast „Nacht – Tag" oder an der Wirkkraft einer Kerze, die Dunkelheit erhellen kann, thematisch entfaltet wird, entspricht menschlicher Grunderfahrung. Bei unserer Geburt erblicken wir „das Licht der Welt". Im Mutterleib konnten wir noch nichts wissen von Sonne und Tag. Unser Leben lang erleben wir die Abfolge von Tag und Nacht. Doch auch im übertragenen Sinn machen wir als Menschen Erfahrungen ähnlicher Art. Phasen leidvoller Ereignisse und großer seelischer Belastungen beschreiben wir oft als „finstere Wegstrecke". Vieles kann sich für uns „verdunkeln". Aber dann gibt es auch die andere Erfahrung: Man gewinnt Kraft und kann sich durchkämpfen, bis alles wieder hell und hoffnungsvoll ist. Nicht selten bleibt dann die Erkenntnis, daß die dunklen Erfahrungen doch wichtig waren, der Keim- und Reifezeit eines Samens durchaus vergleichbar.

Für die Kindergartenpraxis gibt es viele Arbeitshilfen und Materialien, die auf augenscheinlich kürzestem Wege dem Erzieher für diesen Motivkreis methodisch vielfältige, erfolgversprechende Arbeitswege anbieten. Doch mit wirklichem Engagement und mit letzter Ehrlichkeit kann ein Erwachsener vor Kindern diesen Erfahrungsbereich nur entfalten, wenn er zuvor eine persönliche Beziehung, eine eigene Betroffenheit dazu gewonnen hat. Im anderen Fall handelt der Erwachsene einen Stoff ab, erarbeitet ein Thema, um es später „abzuhaken". Nimmt man aber den Kindergarten als partnerschaftlichen Lebensraum ernst, so können sich darin für Kinder und Erwachsene Erfahrungen ergeben, an denen Kinder und Erzieher gemeinsam gewinnen. Natürlich wird da manches beim Erwachsenen eine Tiefendimension erreichen, die dem Kind vor allem verbal nicht erschließbar ist, aber ein Kind spürt, ob die Sache auch uns „unter die Haut geht". Dann kann nämlich so etwas wie ein Funke überspringen.

B. Religiös-biblische Dimension

In Mythen und Märchen spielt der Weg „durch Nacht zum Licht" eine große Rolle. Nach mühsamen Sich-Durchkämpfen empfängt der Tapfere seinen Lohn, das Dunkle ist überwunden, jetzt ist er im Licht.

Im Johannes-Evangelium findet sich das tiefgründige und mehrdeutige Wort Jesu vom Weizenkorn, das in die Erde fallen muß, um dort zu sterben, denn nur so kann neue Frucht, nur so kann neues Leben werden. Dieser Gedanke der Hingabe findet seine Entsprechung im Tod Jesu, weshalb die Deutung berechtigt ist, Jesus habe im Bild des Kornes, das „beerdigt" werden muß, von seinem Tod und seiner Auferstehung geredet. In vielen Osterfeiern der Kirchen wird der Sieg über Dunkelheit und Tod gestaltet; nach den finsteren Ereignissen auf Golgatha wird das Licht des Auferstehungsmorgens besungen.

C. Übungen für Erwachsene

I. Wenn die Samenkörner reden könnten ... In einem Phantasiespiel mit Dialogen oder Monologen könnte man auf einen Kassettenrekorder sprechen, was die Samenkörner sagen würden, solange sie noch in der Tüte sind oder dann im dunklen Erdboden.

Wer sich an diese Phantasieaufgabe noch nicht heranwagt, lasse sich vielleicht einstimmen und ermutigen durch die nachfolgende Praxisskizze:

In einem norddeutschen Erzieherteam sucht man unter Mithilfe des Fachberaters einen für alle Beteiligten überzeugenden Weg zum Erleben des Osterfestes. Zufällig hat eine Mitarbeiterin eine Tüte Blumensamen dabei, und beim Ordnen des Inhaltes ihrer Handtasche legt sie dieses Samentütchen für einen Augenblick auf den Tisch. Die anderen sitzen mit dem Fachberater drumherum und trinken gerade eine Tasse Tee. Als die Mitarbeiterin schließlich das Blumensamentütchen wieder in ihre Tasche packt, sagt eine Erzieherin: „Und der Same hat sich schon gefreut, daß es nun bald losgeht, jetzt wird er wieder in die dunkle Tasche gepackt." Dieser originelle Einfall war der zündende Funken für das weitere Gespräch. Von Kindern kann man staunend lernen, wie die Dinge für sie beseelt sind. Warum sollte man sich nicht einmal in ein Samenkorn hineindenken, was es spürt, hofft, erwartet, wie es sich dann im Dunkeln nach oben kämpft ...

Hier einige Sätze vom Kassettenrekorder-Protokoll: „Ich will heraus aus dieser Enge" – „Im warmen, feuchten Boden fühle ich mich kräftiger und kräftiger. Ich hoffe, ich kann mich herauskämpfen" – „Wieweit ist es denn noch?" – „Ja, jetzt spüre ich die Wärme der Sonne ..."

II. Wem diese Aufgabe ohne konzentrierende Bildimpulse zu schwer erscheint, der betrachte mit seinen Kolleginnen Splichals Fotografik (siehe Kap. 14).

Auch das Spiellied „Dunkel soll es nun nicht bleiben" (Kap. 14) kann in diesem Zusammenhang für Erwachsene und Kinder ergiebig werden.

D. Übungen mit Kindern

I. Fast in jedem Kindergarten wird im Frühjahr etwas gesät, damit die Kinder am Vorgang des Keimens und Aufgehens Erfahrungen machen. Um aber im Blick auf die Osterfeier ästethisch schöne Schalen modellieren und bemalen zu lassen, muß man bald nach Fasching beginnen. In jede Schale füllt das Kind dann Erde und sät selbst etwas ein.

Das Foto aus einem Kindergarten auf der schwäbischen Alb (Bild 1) zeigt, wie in die selbstgeformten Osterschüsseln sorgfältig Erde eingefüllt ist. Sehr konzentriert ist ein Junge hier

noch bei der Arbeit. Aber dann, nach dem Säen, beginnt die Wartezeit, in der nichts weiter getan werden kann, als daß die Kinder die Erde feucht halten.

Jedes Kind bemalt seine Osterschüssel anders, und wenn dann alle Schüsseln auf dem Tisch stehen, ist das ein schönes Bild. Schaut man dem Kindergartenkind auf Bild 2 in's Gesicht, so scheint überhaupt kein Zweifel zu bestehen, daß aller Same aufgehen wird. Die Vorfreude ist groß.

Aber der Prozeß des Keimens und des Zum-Licht-Durchdringen braucht seine Zeit. Leise geschieht im Dunkel der Erde die Verwandlung. Dann aber bricht das Grün als Zeichen des neuen Lebens durch.

Jetzt zeigt sich das junge Grün in den Osterschalen (Bild 3). Jedes Kind ist stolz auf seine Schale, und vielleicht trägt man sie alle zusammen, um in der Mitte des Kindergartenraumes einen großen, zentralen Raumschmuck zu haben. Zum „Fest des neuen Lebens" könnte man die Schalen umtanzen, wozu sich das Lied: „Gib uns Augen, gib uns Augen, daß wir staunend sehn ..." (Kap. 6) gut eignet.

II. Mit dunkel- und helltönenden Orff-Instrumenten kann der Prozeß des Keimens und Aufgehens noch einmal im Klangspiel nachempfunden werden. Sanfte, dunkle Töne, vielleicht auf einem Altxylophon, erinnern an das Liegen des Samens in der Erde. Dann spürt er Feuchtigkeit und Wärme, er keimt und will

Bildfolge 1–3:
Die Osterschüssel wird mit
Erde sorgfältig gefüllt, dann
eingesät. nach der Zeit des
geduldigen Wartens sproßt
das junge Grün.

zum Licht, das man mit hellen Tönen darstellt. Die Sonne
könnte das zarte Grün mit einem sanft gesummten Dreiklang
„begrüßen". Die Harmonie paßt gut zum Nachempfinden der
Wärme.

III. Auf einfarbigen Teppichfliesen kann mit nassen Wollfäden
der ganze Vorgang Phase für Phase nachgestaltet werden.
Zuerst ist da inmitten der Erde (braune Wolle) nur ein winziges
Körnchen. Auf der zweiten Teppichfliese macht man aber
schon die Verwandlung deutlich ... Auch zu dieser Wollfaden-
bildreihe wäre es schön, ein paar Töne zu erfinden, so ähnlich,
wie unter II. skizziert.

IV. Schließlich kann im Körperspiel das, was man nun in den
Osterschalen bestaunt, nachgestaltet werden. Einige Kinder
stellen den Samen dar, andere mit ihren Händen die Erde darüber. Das Durchstoßen der Erdkruste durch die Keimlinge ist
so tatsächlich nachspürbar. Aber weil dieser Vorgang leise und
langsam geschieht, ist er auch als Gruppenspiel konzentra-
tionsfördernd. – Schließlich werden die Kinder eine Spielwieder-
holung mit vertauschten Rollen verlangen: Wer eben „Erde
war", will nun „Keimling sein" und umgekehrt.
    Natürlich ergibt sich hier die Chance, noch viele andere Kin-
der miteinzubeziehen, denn sie kommen von allein darauf, daß
z.B. die Sonne und der Regen noch wichtig sind.

6. Verwandeln und Verwandelt-Werden

A. Zur Einstimmung

Beim heutigen Lebenstempo verlieren wir den Blick für so manche zarte Verwandlung in der Natur. Doch hat wohl jeder schon einmal in einem Naturfilm Knospen- und Blütenverwandlungen im Zeitraffer gesehen. Dann staunt man zum einen über jene dort zutage tretende Energie, zum anderen über unsere Unfähigkeit, so etwas bewußt und intensiv wahrzunehmen.

Die Ausführungen dieses Kapitels wollen zum intensiven Beobachten anregen, aber auch zum Erkennen der Urbilder des Lebens, die in vielen Verwandlungsprozessen der Natur zu erkennen sind. Im Blick auf unser Leben, auf unsere seelische Entwicklung hat da vieles gleichnishafte Bedeutung. Auch in kleinen Praxisberichten aus Erzieherseminaren soll dies recht ausführlich entfaltet werden.

B. Religiös-biblische Dimension

In allen Weltreligionen finden sich Erlösungs- und Verwandlungsmotive. Der Mensch darf reifen und geläutert werden. In der Sprache der Bibel klingt das so: „Siehe, ich mache alles neu!" (Offb. 21, 5) Die gesamte Schöpfung – und die Menschen sind damit eingeschlossen – soll neu werden.

Jesus spricht von der großen Verwandlung vom Tod zum Leben. Paulus mahnt: „Zieht den neuen Menschen an" (Eph. 4, 24). Das Bild der Wiedergeburt meint eine völlige Verwandlung im innersten Wesen. Durch ständige Heiligung, durch ein Wachsen im Glauben, ein ständiges Sich-Stärken in Wort und Sakrament, ist der gläubige Christ aufgefordert, Jesus ähnlicher zu werden. Im tiefsten Sinn ist auch die Taufe ein Verwandlungsbad und darin durchaus in Verwandtschaft zu sehen zu Wandlungs- und Reinigungsriten anderer Kulturen.

C. Übungen für Erwachsene

I. In einem Schreibspiel im Erzieherteam kann jeder für sich Beispiele aufschreiben: „Was verwandelt sich leise?" Läßt man sich dazu etwas Zeit, so wird die Fülle der Vorgänge überraschen. – Dazu ein Praxisbeispiel aus der Erzieherfortbildung mit einer etwas modifizierten Aufgabenstellung dieses Schreibspieles.

In Dreiergruppen läßt der Dozent schweigend aufschreiben:
Welche leisen Verwandlungen werden von mir oft gar nicht oder kaum wahrgenommen?
Auf den Blättern der Kleingruppen liest man nach ca. 20 Minuten unter anderem folgendes:

– Wie sich meine Partnerschaft verwandelt, verändert –
– Wie meine Kinder sich innerlich von mir lösen –
– Wie ich nur noch im Urlaub stehen bleibe und abwarte, bis ein Regenbogen ganz wieder verschwunden ist –
– Wachsende Freudlosigkeit am Beruf, alles geht in routinierten Bahnen, diese schlimme Verwandlung ist unbemerkt eingetreten –
– Wie mein Mann wieder zärtlicher sein möchte –
– Wie ich meine Eltern jetzt mehr und mehr in anderem Licht sehe –
– Wie auch im Urlaub noch mehr Falten in mein Gesicht gekommen sind –
– Wie die Dämmerung langsam hereinbricht –
– Wie faszinierend sich Wolken verwandeln –
– Wie sich Ansichten verfestigen oder erstarren –
– Wie Erfahrungen mich verändern –
– Wie ich in jüngster Zeit wieder gern mitten am Tag für ein paar Minuten mich still in eine Kirche setze –
– Wie Licht einen Raum, seine Atmosphäre verwandeln kann –
– Wie die Birke vor meinem Haus von Jahr zu Jahr größer wird –

(Ende des Protokollauszuges)

II. Impuls zur Fortführung des Schreibspiels: Vielleicht kann diese Aufzählungsfolge geordnet werden nach zwischenmenschlichen Verwandlungen und nach solchen in der Natur, sowie nach positiv und negativ erlebten Verwandlungen. Manches wird sich dabei der genauen, wertenden Einordnung entziehen; es ist „ambivalent" oder wird so empfunden.

III. Man erprobe einmal ungewöhnliche, optische Verwandlungen, indem man Dias (möglichst Naturaufnahmen) projiziert und unterschiedliche Weingläser langsam außen vor die Projektorlinse schiebt. Manchmal scheinen die Bilder dann, als wären sie von Wasser verwandelt, gleichsam überflutet.

IV. Man versuche, Verwandlungen bei Menschen, Tieren und in der Natur in Einzel- und Gruppenpantomimen darzustellen. Als Anregung dazu ein Praxisbericht, in dem geschildert wird, welche Lernerfahrungen Erwachsene dabei gemacht haben:

In einem Erzieherseminar zum Thema „Frühlingsverwandlungen erleben" erprobten die Teilnehmer zu einer kleinen Flötenimprovisation zunächst im Kreis sitzend die Verwandlung von der Knospe zur Blüte. Sie formten jeder für sich ihren Blumenstengel durch senkrechtes Aneinanderlegen der Unterarme. Die Hände hielten sie schalenförmig, aber noch geschlossen aneinander. Nun öffnete und formte jede Teilnehmerin in selbstgewähltem Zeitanlauf ihre werdende Blüte. Schließlich wogten die erblühten „Pantomimenblumen" zum selbstimprovisierten, sanften Windgeräusch hin und her, streckten sich noch mehr nach oben, bzw. schlossen sich wie zum Sonnenuntergang.
Nach dieser intensiven Übung äußerten sich zwei Erzieherinnen: „Mir war es, je länger ich mich in dieses Spiel vertiefte so, als sei ich selber von Kopf bis Fuß eine Knospe, die im Licht aufblüht."
„Ich hatte Freude daran, unendlich langsam das Öffnen und Aufblühen zu vollziehen. Aber als ich ganz weit meine Hände geöffnet hatte, kam auch mit etwas Erschrecken der Gedanke: Und dann kommt bei Blumen und Menschen bald das Verblühen und Welken!"
Im gleichen Seminar regte der Dozent danach an, den Wandel von der noch geschlossenen Blüte zum vollen Erblühen als Gruppenpantomime von je 6–7 Teilnehmern zu erproben. Es bildeten sich zunächst kleine Kreise, um zu beraten. Bald begannen die ersten Versuche. Eine Gruppe legte sich so auf den Boden, daß alle mit den ausgestreckten Füßen im Kreiszentrum Kontakt bekamen. Man richtete sich auf, faßte sich an den Händen und versuchte, die noch geschlosssene, werdende Blüte gemeinsam darzustellen. Man neigte die Oberkörper, so weit es ging, nach vorn und hielt die gefaßten Hände gestreckt nach

oben zur Mitte. In der Tat war so das Bild einer Knospe zu erkennen. Das Öffnen und Erblühen geschah nun durch ein Nach-
außen-Neigen und Nach-außen-Führen der noch immer gefaßten Hände. Langsam wurde die pantomimisch dargestellte
Blüte immer größer, aber auch flacher, bis die Teilnehmer als
Blütenblätter sternförmig am Boden lagen.

Eine andere Gruppe vollzog die pantomimische Übung im
Stehen: Man stand dicht zueinandergewandt im Kreis, hielt die
Hände ein wenig über den Kopf gefaßt, um sie dann nach hinten
zu strecken. Am Ende beugten sich alle Mitspieler auch nach
außen, so daß die Form eines Blütenkelches angedeutet wurde.
Hier führte man die Übung mit dem langsamen Vorgang des
Schließens zu Ende, weil nicht wenige Blüten bei Einbruch der
Dunkelheit sich ebenfalls schließen. Die Anfangsstellung, aufrecht stehend mit dichtgefaßten Händen, wurde nun zur Schluß-
position. – Andere Gruppen erfanden kleinere Varianten davon,
und alles spielte man sich gegenseitig vor.

Spontan äußerten sich einige Erzieherinnen über ihre Empfindungen während der Gruppenpantomime: „Wir hatten ja keine
Kommandos abgesprochen, etwa wann das weite Öffnen losgehen sollte, aber eine schöne Erfahrung war, das vom anderen
oder von allen zu spüren: Jetzt soll es soweit sein!" – „Ich fühlte
mich wie verwachsen mit den anderen, war ein Blumenteil, alles
ging so organisch, wie von allein. Und das mit Kolleginnen, mit
denen man sich manchmal ganz schön streitet!" – „Ich gab
mich so hinein in das Öffnen, Aufblühen und Verschließen, daß
ich nachher gleich eine Wiederholung wollte, so schön war das.
Wir tun sonst so wenig Dinge schweigend und im Einklang miteinander."

D. Übungen mit Kindern

I. Wir beobachten von Tag zu Tag Verwandlungen bei den Blumen, wir sprechen darüber und erfinden pantomimische Darstellungen zu Blumenverwandlungen.

Auch hierzu wieder als Anregung ein Praxisbericht, der in Zusammenhang steht mit den oben geschilderten Seminarerfah-
rungen einiger norddeutscher Erzieher und Sozialpädagogen:

Als sich die genannte Seminargruppe nach etwa vier Wochen
zu einem ersten Erfahrungsaustausch wiedertraf, berichtete
man sich sehr Unterschiedliches. Einige Erzieherinnen waren
enttäuscht, weil sie geglaubt hatten, die Kinder würden sofort
ähnlich intensive Erfahrungen machen; aber die hatten nur für
kurze Zeit Spaß an den Blumenpantomimen. Andere hatten
nach allerlei Blüten- und Knospenbeobachtungen auf Spaziergängen als Zwischen- und Sensibilisierungsphase noch Spiele

angeregt über das, was sich alles „ganz leise" im Frühling verändert. Als danach der Gedanke der phantomimischen Blumenspiele eingeführt wurde, gelang das in zwei Gruppen verhältnismäßig leise, in einer Gruppe sogar „atemberaubend still und konzentriert".

Wie intensiv die Fünfjährigen in einer Gruppe dabei waren, belegt ein Kinderzitat: „Halt doch mal deinen Quasselmund, Blumen reden nicht!" Der solchermaßen angeredete und ermahnte kleine Mitspieler soll darauf tatsächlich kurze Zeit Redepause gemacht haben.

Insgesamt berichteten die Erzieher, daß die Einzelpantomimen – besonders solche mit behutsamer, leiser „Führung" – durch eine improvisierende Flöte besser gelangen als die Gruppenübungen. In einem Kindergarten jedoch, in dem kontinuierlich rhythmisch-musikalisch gearbeitet wird und die Kinder die Fähigkeit gewonnen haben, sich konzentrierend als Gruppe in Körperaufgaben „hineinzugeben", haben Jungen und Mädchen am folgenden Tag auf eine Wiederholung des Spieles vom Aufblühen der Blumen gebeten.

Eine besondere Erfahrung berichtete eine Erzieherin, die diese Verwandlungspantomime noch kurzfristig in einen schon fast fertig geplanten Familiengottesdienst eingebaut hat: „Ich dachte mir, es wäre toll, wenn die Kinder ihre Mütter bei einer Blumenpantomime sehen könnten. Am Mütterabend kostete es wenig Mühe, sieben Mütter dafür zu gewinnen. Wenn sie nicht reden, sondern dies schweigend tun dürften, so würden sie gern mitmachen, lautete das Mütter-Echo. Also übten wir das ein – ähnlich wie vor kurzem im Seminar. Ich blies auf der Altblockflöte dazu eine sich langsam nach oben bewegende Melodie. In der Kirche war das dann die große Überraschung für unsere Kindergartengruppe. Prompt klatschten die Kinder nach der eineinhalbminütigen Pantomime Beifall. Aber es kam noch schöner! Unser Pfarrer hat Freude am spontanen Geschehen. Er fragte dann die Kinder, ob sie das auch so schön könnten. Sofort wollten die Kinder es versuchen, und es geriet auf Anhieb ganz schön."

II. Weitere Übungen mit Kindern:

● Mit den Kleinsten kann man schon Händepantomimen wagen: Zwei Handflächen stellen eine Knospe dar, die sich langsam öffnet. Eine wachsende Blume wird mit dem ganzen Körper gestaltet.

● Mit farbigen Tüchern stellen wir ein aufblühendes Blumenfeld dar, unsere Arme sind die Blütenstengel. Der Wind wird mit dem Mund imitiert.

● Wer schon ein Jahr im Kindergarten ist und nun gleichsam in einer Kehrreimerfahrung wieder sommerliche Entdeckungen in den Projekten des Kindergartens macht, der kann vielleicht den Lebenslauf einer Sonnenblume pantomimisch und mit Klängen gestalten.
Immer aber ist das genaue Beobachten vorher unverzichtbar:

– Wie zunächst die grüne Pflanze in die Höhe wächst;
– Wie die Blüte ansetzt, zuerst noch ganz grün und geschlossen
– Wie die Blüte sich immer stärker öffnet und die gelben Blütenblätter sich entfalten.
– Wie die Blüte sich der Sonne zuwendet.
– Wie die Blüte Frucht ansetzt und Körner bildet

Nachbemerkung: Ein paar Wochen weiter beginnt eine erneute Verwandlung: Überreif und schwer ist die Blüte dann. Bald kommen Regentage, und der Stiel hat Mühe, die vollgesaugte Blüte dann noch zu halten. Möglich, daß ein Sturm sie schließlich knickt. Leider meiden viele Kindergärten diese Darstellungen, aber zu einem Lebenslauf der Sonnenblume gehört ihr Sterben dazu, ebenso wie die Beachtung der neue Sonnenblumen verheißenden Kerne.

III. Praxisbericht von zwei norddeutschen Erzieherinnen, die anläßlich einer „Liederwerkstatt" das nachfolgende Lied: „Gib uns Augen, daß wir staunend sehn, wie ganz leis Verwandlungen gescheh'n" kennenlernten. Sie schildern ihre sehr gegensätzlichen Gefühle und Überlegungen dazu.
Hier zunächst nur der Kehrreim des Liedes:

Text und Melodie: Wolfgang Longardt

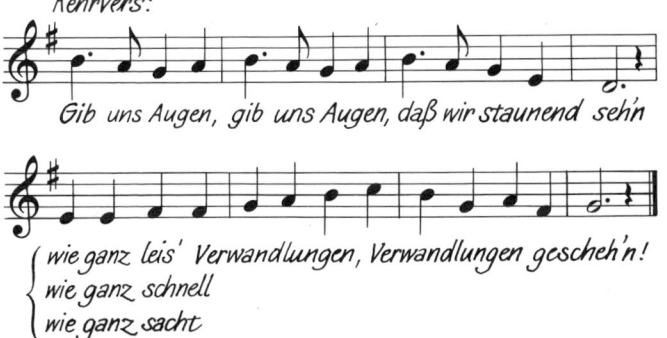

Kehrvers:

Gib uns Augen, gib uns Augen, daß wir staunend sehn

wie ganz leis' Verwandlungen, Verwandlungen gescheh'n!
wie ganz schnell
wie ganz sacht

Erzieherin A: „Schon während der „Liederwerkstatt" hat mich das Lied sehr angesprochen. Ich dachte zunächst vor allem an das, was anders wird und mich traurig macht. Eine Beziehung, eine Liebe wird langsam alt und kälter. Die Lebenskräfte meiner alten Eltern nehmen ab, auch ihre geistige Aufnahmefähigkeit. Schau ich in den Spiegel, sehe ich mein Altern. Dann, beim Nachhause-Fahren fiel mir ein, daß ich irgendwo einmal den Satz gelesen habe: „Leben ist Wandel". Tatsächlich ist das ein Kennzeichen von Leben und Lebendigkeit. Fast ein wenig in Abwehr gegen negative Wandlungen und Veränderungen machte ich mich auf die Suche nach positiven Erscheinungen, die ich vielleicht übersehe. Da fiel mir zuerst wieder der Frühling ein, auf meinem Weg zum Kindergarten mache ich täglich Entdeckungen. Dann dachte ich an gute, menschliche Veränderungen in unserem Mitarbeiterteam. Weil da kein Konkurrenzdenken ist, sondern weil irgendwie ein Miteinander und ein Geist des Helfen-Wollens entstanden ist, hat sich eine erst verschlossene, neue Kollegin jetzt so verändert, sie ist „aufgeblüht".

Erzieherin B: „Bei mir war das so: Mir gefiel einfach die Melodie, erst später brachten mich die Worte auf die Spur, daß das wohl eine Art Gebet ist. Die Bitte: „Gib uns Augen", habe ich von da an wenigstens immer so wie eine Bitte an Gott gesungen. Ich muß noch sagen, daß die letzten Monate für mich und meine große Familie eine belastende, dunkle Zeit gewesen ist. Eine Hiobsnachricht nach der anderen kam. Da schlich sich irgendwo eine trübe, pessimistische Grundstimmung in mich hinein: Ach, bei uns kommt alles ganz dick, alles geht schief. Aber als ob mein gesummtes oder gesungenes Gebet in mir etwas verändert oder entkrampft hatte, nach und nach bekam ich den Blick für gute Veränderungen. Die schwarze Brille hatte ich verloren. Ich erkannte z. B., daß durch die belastenden Erfahrungen die Beziehung zu meinem Mann tiefer geworden war. Ich sah auch an mir eine Fähigkeit wachsen, sich an kleinen Dingen zu freuen, eine alltägliche Gelegenheit in ein winziges Fest einmünden zu lassen. Das Schönste aber war dann die Gewißheit, daß ich nach sechs Jahren kinderloser Ehe schwanger wurde und Leben in mir spürte. Jede kleine, neue Phase dieser Schwangerschaft kostete ich von nun an aus, weil ich mir keine schönere Verwandlung denken kann. Keine Frage, daß diese Melodie auch in den Strophen, die Verwandlungen vom Dunklen zum Hellen schildern, mir besonders ans Herz wuchsen ..."

Hier nun zum obigen Kehrreim einige Zwischenstrophen, die im Hamburger „Evangelischen Zentrum Rissen" in der Arbeit mit Kindern, Erziehern und Eltern entstanden sind. Im Prozeß von Fortbildungsveranstaltungen, beim Feiern und in der Vorbereitung von Gottesdiensten entstanden immer neue Verse:

Strophen zu Natur und Ostern:

Text und Melodie: Wolfgang Longardt

1. Oft da nehmen wir uns keine Zeit,

überseh'n so manche Herrlichkeit!

(folgt wieder Kehrvers oben)

2. Gott, du gibst das Licht in finstrer Nacht,
hast aus Samen Frucht an's Licht gebracht …

3. Kannst die Lahmen wieder gehend machen,
wandelst unser Weinen bald in Lachen …

4. Manches muß ersterben und vergeh'n,
kann verwandelt endlich aufersteh'n …

5. Gott, du wandelst viel in unser'm Leben,
kannst im Tod noch neues Leben geben …

6. Osterfreude heißt: lebendig ist
und ganz nahe uns Herr Jesu Christ …

7. Ostern schenkt uns hoffnungsvolle Augen,
die für uns'res Gottes Wunder taugen …

Strophen für Verwandlungen in Stimmung und Gesicht:

8. Einer, der hat eben noch gelacht,
jetzt kommen Tränen! Wer hätt' das gedacht …

9. Einer, der noch eben mutig schien,
dessen Mut und Schwung ist plötzlich hin …

10. Wer noch gestern übermütig sprang,
liegt heut' traurig, schwach und still und krank …

IV. Hortkindern kann man auch ein Schreibspiel zumuten, so wie es unter den Erwachsenenübungen beschrieben ist: „Was verwandelt sich ganz leise?"
　　Dafür als Beleg und Praxiseinblick der folgende Protokollausschnitt aus einem Hamburger Kindertagesheim.

Die Hortkinder schreiben auf:
– Wie jeden Tag es mehr Frühling wird –
– Wie es jeden Tag etwas länger hell bleibt –
– Wie meine Schwester größer wird –
– Wie meine Mutter immer mehr graue Haare kriegt –
– Wie der Mond abnimmt und zunimmt –
– Wie der Bauch meiner Mutter dicker wird, weil sie schwanger ist –
– Wie meine Schuhe an der Sohle kaputtgehen –

Vorschulkinder nannten folgendes und diktierten es der Erzieherin:

– Wie die Knospen jetzt herauskommen –
– Wie eine Tulpe aufgeht –
– Wie meine Seifenblasen groß werden, wegfliegen und platzen –
– Wie Bauchweh kommt –
– Wie Bauchweh weggeht –
– Wie der Regenbogen kommt –
– Wie die Sonne scheint und dann untergeht –
– Wie Nebel kommt –
– Wie mein Vater eine Glatze kriegt, seine Haare fallen aus –
– Wie eine Geburtstagskerze kleiner wird –
– Wie der Bauch hin- und hergeht, wenn ich atme –
– Wie Blumen jetzt schön riechen und erst gar nicht –
– Wie die Raupe ein schöner Schmetterling wird –

V. Impulse:

● Wie kann eine Sensibilisierung der Kinder für Verwandlungsvorgänge, besonders zum Thema Frühling, nun weitergehen?

● Wie können Elemente der Rhythmik und der kreativen Gestaltung mit Farben und Klängen dabei eingesetzt werden?

● Man denke an den „Lebenslauf einer Kirsche" oder eines Augustapfels, an Käfer und Kaulquappen.

VI. Weiterführender Literaturhinweis: Ein russisches Tiermärchen, das die Verwandlung von der Raupe zum Schmetterling schildert und die Pflanzen darüber staunen läßt, findet sich im GTB-Siebenstern-Band 663 „Kindergartenabschied – Schulanfang". In einem Praxisbericht wird dort geschildert, wie dieses Verwandlungsmotiv gestalterischer Mittelpunkt einer Kindergartenabschiedsfeier wurde. Schließlich hatten sich die Kinder „verpuppt" und wurden dann „flügge" (beflügelt durch stärkende Erfahrungen im Kindergarten „flattern" sie davon).

7. Ich möchte mal ein anderer sein

A. Zur Einstimmung

Leben ist Wandel. Diese Grundwahrheit verliert man oft aus den Augen. Viele Wandlungen vollziehen sich sehr langsam, fast unbemerkt. Wir durchleben Altersstufen, in denen uns alles zu langsam geht („Wann bin ich endlich groß?"). In anderen Lebensphasen wiederum beklagen wir die unaufhaltsam raschen Wandlungen. Dann gibt es Zeiten, in denen uns alles zu starr, zu festgelegt erscheint. Der Wunsch anders zu sein, bald älter, bald jünger, bald anders oder einfach freier, bricht auf. Was in Gedanken und Wunschträumen farbig ausgemalt wird, kann gelegentlich in Festen Gestalt werden, für einige Zeit „ausgelebt" werden.

Schließlich haben wir auch dem Rhythmus der Jahreszeiten und ihrem Wandel gegenüber unterschiedliche Empfindungen. Mancher Jahreszeit wünschen wir ein rascheres Ende, andere wollen wir am liebsten festhalten. Doch wie klein ist unser Denken, Trachten, Wünschen gegenüber den großen Rhythmen des Wandels in Gottes Schöpfung und in allem Lebendigen.

Wie gut aber, wenn ein Kalenderfest zum raschen, wenn auch vorübergehenden Sich-Verwandeln Anstoß gibt.

B. Religiös-biblische Dimension

Es soll hier nicht auf die deutlich mythischen Wurzeln bzw. kultischen Dimensionen von Fasnacht und Karneval eingegangen, wohl aber auf die Frage der religiösen Identität jedes einzelnen Menschen hingewiesen werden. Es gibt eine Ursehnsucht, dem Ist-Zustand zu entfliehen, einmal – und sei es nur für kurze Zeit – die sonstige Rolle zu verlassen. Dies kann eine Art befreiende Wirkung haben, muß es aber nicht.

Auf Dauer wird es zu einer lebensentscheidenden Frage, ob man nach Zeiten des Suchens und Experimentierens zu seinem Ich findet und es bejahen kann. Menschen, denen die Identitätssuche nicht gelingt, neigen zum Sich-Anpassen und sind in Krisensituationen besonders gefährdet. Unsere Redewendung von einem, „der sein Gesicht nicht verlieren möchte" (oder „das Gesicht wahren will") zeigt, daß es auch außerhalb der Maskenfestzeit Bedürfnisse gibt, gleichsam vor seinem eigentlichen Ich eine spezielle äußere Ansichtsfläche zu kultivieren. Ganz gewiß wäre es unbarmherzig, die Schutzfunktion „zur Schau getragener Gesichter" zu leugnen. Jeder kommt wohl ab und an in Situationen, in denen er ein besonderes Gesicht „aufsetzt". Wird dies aber Dauerzustand, dann kann es zermürben. Wann und wo gibt man sich dann noch so, wie man wirklich ist?

Hier ist das Wort des Psalmisten bedeutsam, der in seiner Not, vor anderen sich allzuoft anders geben zu müssen oder aus diesem Verhaltenskreis nicht herauszukommen glaubt, ruft: „Herr, du erforschest mich und kennst mich." Hier wird das Bild eines barmherzigen, gnädigen Gottes gezeichnet, der durch alle Vordergrund-Gesichter, die wir aufsetzen, auf den Grund unseres Wesens schaut, uns versteht, uns auch in der Schwäche bejaht und Mut machen kann. (Man lese dazu Psalm 139.) Wer Kindern in dieser Frage religionspädagogische Ermutigung geben will, könnte etwa nach Markus 10,13–17 von der großen Einladung und Segnung der Kinder erzählen, die von Jesus so angenommen werden, wie sie sind. Sie müssen kein frommes Gesicht aufsetzen. Jesus akzeptiert sie, liebt sie. Aus der Erfahrung des Bejaht-Werdens, des Geliebt-Werdens, so liest man dann auch in anderen Geschichten des Neuen Testaments (vgl. auch Luk 19, 1–11), entsteht der Impuls zum Sich-Verändern-Lassen, zum Finden wirklicher Identität.

C. Übungen für Erwachsene:

I. Auf einem Fortbildungsseminar haben Erzieher die kreative Gestaltungsform von „Wollfaden-Gesichter-Bildern" auf einfarbigen Teppichfliesen kennengelernt. Was im Seminar für Elternabende (Eltern legen Fadenbilder von ihren Kindern) empfohlen wurde, erprobte man nun im Erzieher-Team. Mit nassen, bunten Wollfäden legte jeder auf eine Teppichfliese ein Gesicht, das eigene Kindergesicht: Mit Zöpfen, Haarschleife, Sommersprossen usw. Man bestaunte die Verwandlung zu heute, suchte nach Ähnlichkeiten, erzählte von den liebsten Kindheitspielen, verriet Spitznamen, und mancher träumte sich zurück in jene Zeit.

Wer eine ähnliche Übung, ein ähnliches Gesichterspiel im Kollegenkreis nachvollziehen möchte, sollte vielleicht auch noch Zeit lassen, darüber nachzudenken, wie weit man die Veränderungen und Verwandlungen nun innerlich bejahe.

II. Redensarten wie: „Nicht aus seiner Haut können", und: „Mal in eine andere Rolle schlüpfen", lassen sich in Monologen und Dialogen entfalten. Hier als Anregung der Beginn einer solchen Übung, ein Gedächtnisprotokoll:

a) „Alles umgibt, umspannt mich so eng."
   „Was so hauteng umschließt, das läßt keinen Raum, darin zu atmen."
   „Ich möchte herausschlüpfen, ich fühle mich so scheußlich eingepfercht. Ich will herausplatzen!" usw.
b) „Da ist so ungewohnt viel Spielraum, das macht bei allem Spaß etwas unsicher."
   „Als Gast und Fremdling nehme ich mir jetzt alle Freiheit."
   „Herrlich, mal so zu sein, aber immer so? Das mag ich auch nicht ..."

III. Unter Erziehern oder mit den Eltern erfindet man zum nachfolgenden Moritatensong eine kleine Stegreiftanzform.
In den Tanzpausen kommt es gewiß zum Gedankenaustausch.
„Was ist ein gelieh'nes Gesicht?" u. a.

Text und Melodie: Wolfgang Longardt

Refrain:

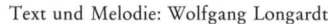

Ein al-tes Spiel der Menschen ists, das Spiel sich zu verändern, man

schlüpft in Masken, Witz und List und tanzt in fremd' Gewändern.

Verse:

1. Aber es ist ein gelieh'nes „Gesicht", leider ist

man so in Wirklichkeit nicht, einer will jung sein, der

andere reich, einer will schön sein und weise zugleich.

(folgt Refrain)

2. Du kommst als Tarzan,
   und ich als ein Wicht,
   aber wir sind es in Wirklichkeit nicht,
   für ein paar Stunden ein and'rer mal sein,
   drum schlüpft in Masken man gerne hinein ...

(folgt Refrain)

Musikalischer Praxishinweis: Das Lied verlangt nach einer derb-urwüchsigen Begleitung durch eine große Trommel, Bekken und Akkordeon. Bei jeder Refrainwiederholung sind die ersten drei Noten, die mit Fermaten gekennzeichnet sind, sehr zu dehnen.

IV. Zum Sensibilisieren der Einfühlungsphantasie werden 4–5 Masken, vielleicht solche, die gerade von Kindern und Erwach-

senen angefertigt wurden, nebeneinander aufgebaut. Man nu-
meriert sie von links nach rechts durch, und nun beginnt jeder,
zu einer Maske zwei bis drei Sätze zu erfinden, ohne daß er den
anderen verrät, welcher Maske, d. h. welchem Gesichtsaus-
druck er diese Sätze entnimmt und zuordnet. Erst nach einer
Viertelstunde liest man sich gegenseitig seine Sätze vor, und
nun wird geraten, zu welcher Maske dies wohl paßt.

V. Eine Variante zu der unter IV. beschriebenen Einfühlungs-
übung kann ohne Worte mit Tönen gemacht werden. Am besten
reduziert man die Anzahl der Auswahlmasken, indem man jeder
Teilnehmergruppe zwei in einen eigenen Raum mitgibt, so daß
sich die Gruppen durch die improvisierte Musik – evtl. auf Orffschen Instrumenten – nicht stören. Man verabredet aber, nur zu
einem Gesicht, das man sich wählt, in jeder Gruppe Klänge
bzw. Geräusche zu erfinden. Die zweite Maske nimmt man also
nur mit, damit nachher beim erneuten Zusammenkommen und
Vorspielen eine echte Auswahl für die Zuhörer besteht. Sie sollen dann heraushören, welcher Maskenausdruck „verklang-
licht" wurde.

Nachbemerkung: Die letzten beiden Übungen sind natürlich
auch schon mit Kindern ab fünf Jahren möglich, aber Erfahrungen aus Fortbildungsseminaren und aus der Fachberatung zeigen immer wieder: Erst nachdem wir uns als Erwachsene einer
solchen Phantasie- und Gestaltungsübung unterzogen haben
und eigene Erfahrungen sammeln, aber auch manches „Aha-
Erlebnis", haben wir die besonders günstige Basis, nun auch
Kinder partnerschaftlich für solche Übungen zu motivieren, ja,
mit ihnen gemeinsam kreativ zu werden – ohne sie vorschnell in
bestimmte Richtungen zu lenken.

D. Übungen mit Kindern

I. Das schon unter Kap. 6 eingeführte Lied: „Gib uns Augen, daß
wir staunend seh'n . . .", bekommt nun in seinem Refrainteil eine
kleine Textvariante und natürlich einige spezielle neue Strophen. Statt „. . . wie ganz leis Verwandlungen, Verwandlungen
gescheh'n", heißt es nun „. . . wie ganz schnell Verwandlungen,
Verwandlungen gescheh'n!"

Gib uns Augen, gib uns Augen, daß wir staunend sehn, wie
ganz schnell Verwandlungen, Verwandlungen gescheh'n.

Jeder möcht' ein andrer heute sein! Sag', als was kommst du zu
uns herein?

Gib uns Augen, gib uns Augen, daß wir staunend sehn,

wie ganz schnell Verwandlungen, Verwandlungen gescheh'n.

Jeder möcht' ein andrer heute sein!

Sag, als was kommst du zu uns herein?

(folgt wieder Kehrvers)

Diese Nase, diese große Mütze,
sind zum Fasching für's Verkleiden nütze ...

Seht, der Zopf hier hinten steht mir gut,
und darauf noch der Chinesenhut ...

Ich bin jetzt ein Eskimo im Eis,
trag' den Pelzhut, auch wenn mir ganz heiß ...

Ein Indianerfräulein ihr hier seht,
bunt mit Ketten, stolz geschmückt sie geht ...

(folgt jeweils der Kehrreim)

II. In einer Fabel aus dem Balkan-Raum taucht folgendes Motiv
auf: Ein kleiner Reiter besitzt eine Zauberfidel, mit der er Ge-
genstände größer und kleiner zaubern kann, natürlich auch sein
Reittier, eine Ameise.
   Ehe man an Spiel- und Klangübungen für diese lustigen und
in manchen Situationen vielleicht sogar rettenden Verwandlungen geht, wird eine Gesprächseinführung Raum haben müssen: Ganz klein sein, das kann Vorteile haben, ganz groß sein
aber auch. Zu beidem erfinden die Kinder gewiß allerlei Bei-

spiele: vielleicht nennen sie auch solche Situationen, die sie erlebt haben.

Zu dieser Übung Ausschnitte aus einem Praxisbericht: „Ich erzählte den Kindern eine Begebenheit, in der ich in der Schule am liebsten einmal so klein geworden wäre, daß ich mich hätte in einem Papierkorb verstecken mögen. Sofort zündete bei den Kindern diese Vorstellung, ja, sie trieben sie noch weiter: „Du, aber besser so klein, daß du in einen Schulranzen dich verstecken kannst!" – „Nein, noch kleiner, so klein wie ein Radiergummi." „Oder so klein, wie ein Kaugummi und schnell zum Unter-den-Stuhl-Ankleben. Dann findet dich keiner, juchhu!" Dann erzählte ein Kind: „Ich hab mal geträumt, ein Zauberer zaubert mich in eine Murmel, da muß ich nicht mehr laufen, ich kullere überall hin. – Wenn ich zum Zahnarzt soll, kuller' ich unters Bett oder in einen Latsch." Einzelne andere Beispiele, halb Traum, halb Fernsehfilmmotiv folgten, dann erzählte ich – zu einem richtigen Märchen ausgeweitet – das obengenannte Motiv von der Ameise als Reittier und der Zaubergeige des Reiters. Spielte er eine Zaubermelodie vorwärts, wuchs die Ameise immer größer und größer, spielte er die Zaubermelodie rückwärts, wurde sie immer kleiner.

Am anderen Tag brachten zwei Kinder mir tolle Malereien zu diesen Verwandlungen mit, und wir begannen auf Orffschen Instrumenten (einem Xylophon und einem Glockenspiel)Vergrößerungs- und Verkleinerungsmusik zu erfinden. Meist waren es tonleiterähnliche Motive. Stiegen sie nach oben, sollte es das Größer-Zaubern bedeuten, stiegen sie nach unten, das Kleiner-Zaubern.

Als wir aber mit drei Kindern unter einem großen durchsichtigen Tuch eine fast elefantengroße Riesenameise zaubern wollten, merkten wir, daß da auch so etwas wie Pausen und Haltepunkte in der Zaubermusik sein mußten. „Naja, die Ameise muß auch immer erst Luft holen beim Größer-Gezaubert-Werden", sagte ein Mädchen. Schließlich war eine unserer letzten Fassungen zum Größer-Zaubern und Anwachsen etwa so:

Zum Kleiner-Zaubern klingt es umgekehrt – die Komponisten nennen das eine Krebsbewegung – so:

III. Wer sich nicht scheut, auch in Zusammenhang mit dem Thema: „Sich verwandeln – ein anderer sein wollen", bis zu religiösen Aussagen vorzudringen, wird vielleicht mit dem nachfolgenden Spiel- und Erzähllied arbeiten wollen, dessen Strophen, vor allem auch wegen der gesprochenen Zwischenteile, zum Mimen und zum imitierenden Geräuschspiel reizen:

Text und Melodie: Wolfgang Longardt

(gesprochener Zwischenteil):

Guck, für einen halben Tag, (Paukenschlag)
ich Kostüm und Maske trag'. (Paukenschlag)
Aber es ist ein gelieh'nes Gesicht, (Paukenschlag)
leider ist man so in Wirklichkeit nicht! (Paukenschlag)

2. Ich möchte mal, ich möchte mal ein andrer sein,
bald wie der Riese Goliath, bald wie ein Zauberwicht,
doch Vater lacht: „Ach, bleib' nur so, ich mag dich, sei doch froh!"

3. Ihr habt von Jesus mir erzählt, der jeden mag!
Auch wenn ich mich nicht leiden kann, und wenn mein Bauch voll Wut?
Daß einer mich ganz wichtig nimmt, das find' ich wirklich gut!

Nachbemerkung: Ohne eine kontinuierliche religiöse Erziehung, die in das pädagogische Gesamtgeschehen überzeugend integriert ist, muß allerdings von diesem Lied mit seiner
neutestamentlichen Aussage: „Ihr habt von Jesus mir erzählt ...", abgeraten werden. Sie würde sonst isoliert „in der
Luft stehen", ohne im pädagogischen Klima, im kindlichen Erfahrungsbereich, in Reden, Singen, Danken, Bitten fundiert
sein.

IV. Wir lassen die Kinder einmal nachdenken, welches Tier sie
für eine Weile sein möchten. Wir lassen diesen Verwandlungs-
wunsch begründen und malen. Möglicherweise entsteht auch
ganz organisch eine Spielphase mit allerlei Eigenheiten der
Wunschtiere.

V. Wir spielen für eine bestimmte Zeit „Rollentausch": „Wer
möchte einmal Gruppenerzieherin sein?" Natürlich ist die Erzieherin derweil „Kind" unter den anderen Kindern. Neben der
Freude vieler Kinder, einmal rasch in diese Rolle und Position
hineinschlüpfen zu können, ergeben sich für den aufmerksam
beobachtenden Erwachsenen in diesem Spiel gewiß allerlei Hin-
weise, mit denen Kinder signalisieren, wie sie das Erzieherver-
halten erleben und sehen.

8. Vom Treiben, Knospen und Aufblühen

A. Zur Einstimmung

Voller innerer Dynamik sind diese drei Überschrifts-worte. Doch es geht um etwas sehr Leises dabei.

Zwar sind in Samen oder Setzling die Art vorgegeben und damit der Charakter zukünftiger Gestalt, aber welche Bedingungen, welche äußeren Einflüsse wird es geben? Unter idealen Bedingungen kann sich das ganze, jetzt noch verborgene Wesens- und Gestaltpotential entfalten. Wie aber, wenn vieles schon dem Treiben, Knospen und Blühen entgegensteht? – Und schließlich kann auch auf das herrlichste Blühen noch so manche Gefahr folgen.

Auch in diesem Kapitel wird immer wieder angeregt, über das staunenswerte dynamische Sich-Entwickeln von Blumen, Pflanzen und Bäumen hinauszublicken und den Menschen, vor allem auch das Kind, gleichnishaft mitzu-bedenken. Schließlich kann erneut das wiederholende Lernen in den Blick kommen, bei dem sich von Jahr zu Jahr Einsichten vertiefen, intensivere Entdeckungen mög-lich werden, die dann auch mehr und mehr sprachlich-ge-stalterisch differenzierter ihr Echo finden können.

B. Religiös-biblische Dimension

In der Kultur- und Religionsgeschichte der Menschheit sind zahlreiche Namen von Natur-, Wachstums- und Ern-

tegottheiten zu finden. Oft werden Fruchtbarkeit und
Ernte von weiblichen Göttern erbeten, zu denen man im
Frühling opfert. Insbesondere aus alttestamentlicher Zeit
sind uns aber auch Vorstellungen eines Zusammenspiels
von weiblichen und männlichen Gottheiten überliefert. So
wissen wir z. B. vom Regengott Baal, der im Herbst ins
Totenreich hinabstieg und dort im Frühling von seiner
Schwester und vom Opfer seiner „Anhänger" wieder zu
neuem Leben erweckt wurde: So erklärt der Baalskult den
Wechsel der Jahreszeiten. König Ahabs Frau Isebel hatte
mit ihrer Heirat den Baalskult von Tyrus in den Kleinstaat
Israel gebracht (um 850 v. Chr.). Der Prophet Elia führte
einen erbitterten Kampf gegen die Baalsreligion. – Die
Entwicklung von der Vielgötterei (Polytheismus) zum Be-
kenntnis des einen, unsichtbaren Schöpfergottes war, so
berichten die alttestamentlichen Erzähler – und religions-
geschichtliche Forschungen beweisen dies –, lange um-
kämpft.

Das Aufblühen einer Blume in ihrer ganzen Schönheit
wird sowohl im Alten wie im Neuen Testament beschrieben und zu unterschiedlichen Denkanstößen genutzt,
zum einen als Hinweis auf die Vergänglichkeit, zum anderen, so von Jesus (in Matth., Kap. 6), als Einladung
zum Staunen über die Blumen, die in ihrer ganzen Schönheit sich entfalten und wie die Vögel sorglos leben.

Zwei Dinge kann eine Blume von sich aus: Sich dem
Licht zuwenden und sich mit den Wurzeln nach Feuchtigkeit und Halt ausstrecken. Ihren Standort kann sie sich
nicht aussuchen, doch ist ihr gegeben, mit Schönheit und
Duft für andere dazusein. Hier liegt eine Fülle von Moti-
ven, die sich für Reflektionen und Meditationen eignen.

C. Übungen für Erwachsene

I. Im Erzieherteam sollte man sich einmal in entspannter Tee-
oder Kaffeerunde die Zeit nehmen, einander zu verraten, welche Lieblingsblume jeder einzelne sich erkoren hat. Vielleicht
begründet man auch, warum gerade diese Blume einem so gut
gefällt. Nicht selten wird es vorkommen, daß Blumen genannt
werden, deren Aussehen manchem unbekannt ist. Kann jeder

seine Lieblingsblume zeichnen? Eine solche Übung offenbart vielleicht, daß mancher von seiner Lieblingsblume doch nicht so sehr viel weiß: Wie ist z. B. die Form der Blätter?

II. Das nachfolgende Gedicht[1] könnte Gegenstand einer kleinen Gesprächsrunde oder sogar Impuls zu einer Meditationsrunde werden:

> Seht die Blumen, seht die Blumen,
> die dort blüh'n auf dem Feld,
> hört, was Jesus, hört, was Jesus uns von ihnen erzählt.
>
> Wie sie wachsen ohne Sorgen,
> ohne Sorgen auf das Morgen,
> und es strömt in ihnen Saft,
> wie aus Gottes leiser Kraft.
>
> Sieh, dort blüht, was einst im Dunkeln
> als ein Samenkorn lag,
> Gottes Treue stets auf's Neue
> kannst du spür'n jeden Tag.

Praxisbeispiel 1: Ein Erzieherteam hat im Frühling das obige Gedicht zum Gegenstand einer Reflexionsrunde gemacht. Hier ein Protokollausschnitt der Beiträge:

- Sich nicht zu zersorgen, ohne Sorgen sein, wer kann das? Aber wer sich vor Sorge zerreibt, wird verkümmern.
- Verkümmern, das kommt von Kummer. – Und davon, daß jemand vielleicht versucht, sich um alles zu kümmern? Dann kann man eben nicht aufblühen, sondern die Sorgen- und Kummerfalten bedrücken.
- Seltsam, auch bei uns Menschen reden wir von Aufblühen. Das ist ein Ereignis von Leib und Seele.
- Unsere Seele kann verkümmern, wenn wir keinen Boden von Vertrauen haben.
- Unser Vertrauen, das ist wie der Wurzelboden der Blume. Eigentlich ist die Blume gar nicht so ohne aktive Möglichkeit. Sie kann sich nach dem Licht strecken, sich für die Sonne öffnen.
- Sie kann sich in ihrer Blüte abends schließen.
- Sie kann ihre Wurzeln ausstrecken und Feuchtigkeit aufsaugen.

---

[1] Eine Melodie zu diesem Gedicht, das sich an die Verse in Matth 6, 25–32 anlehnt, findet sich in der Mappe „Anvertrautes entdecken", hrsg. von W. Longardt, Christophorus Verlag, Freiburg / E. Kaufmann-Verlag, Lahr.

- Aber ihren Standort kann sie sich nicht aussuchen.
- Auch ihre Geburt, ihr Entstehen ist nicht ihr Werk.
- Das ist wie bei uns, unser Leben verdanken wir nicht uns selbst.
- Und mit welcher Schönheit werden die Blumen beschenkt.
- Mit welcher Originalität, jede ist auf ihre Weise anders.
- Im Wind kann die Blume tanzen, ihren Duft kann sie verbreiten.
- Samen und Blütenstaub bietet sie und ihre Schönheit.
- Aber sie erleidet auch manches: Sturm, Regen, Hagel.
- Doch sie hat in sich viel Kraft, sich wieder aufzurichten, solange sie nicht im Stengel gebrochen ist.
- Natürlich hat sie ein kurzes Leben, aber ein sinnvolles.
- Vom Schöpfer hat sie ihr Leben, vom Schöpfer empfängt sie, ohne daß sie bittet, ohne daß sie klagt, jammert und sich sorgt.
- Blumen, das ist ein Bild von Vergänglichkeit und Schönheit.
- Und ein Bild der Treue Gottes: Denn es soll nicht aufhören, daß, solange diese Erde steht, immer wieder ein neuer Frühling, ein neuer Sommer kommt – und diesen Samen dafür trägt sie in sich.
- Blumen wachsen und blühen leise, und vieles in Gottes Welt ist leise und schön

Praxisbeispiel 2: Von einem Erzieherseminar mit allerlei meditativen Spielen von den eigenen Lieblingsblumen heimgekehrt, trugen zwei Mitarbeiter eines Hamburger Kindergartens diesen Impuls in ihr Team. Sie variierten aber das Spiel ein wenig, um noch mehr Phantasie aus ihren Kolleginnen herauszulocken: „Erzähl, wie ging es deiner Lieblingsblume oder ihrem Samen um Weihnachten herum?"

Manchmal erzählte jemand dann von einer Staudenblume, die um diese Zeit noch im Keller lag, ein anderer vom Warten und Schlafen unter der Schneedecke, ein dritter vom Schlummer oder Sich-Langweilen in einer engen Samentüte. Allerdings kam bei diesen Spielen, in denen es galt, mit Einfühlungsphantasie in die Rolle seiner (werdenden) Lieblingsblume zu schlüpfen, bald heraus, daß auch allerlei naturkundliches Sachwissen dazugehört. Mancher schaute deshalb daheim noch in einem Blumenlexikon oder Gartenbuch nach, um nichts Falsches zu erzählen. Aber im Grunde war es eine unterhaltsame und doch nutzbringende Vorbereitung auf die Phase späterer „Blumen-Rollenspiele" mit den Kindern.

Praxisbeispiel 3: Übungen, mit verteilten Rollen im Phantasiespiel ein Bild lebendig werden zu lassen.

III. In der Mappe „Ostern entdecken" (erschienen im Christophorus-Verlag und im E. Kaufmann-Verlag, hrsg. von W. Longardt) befindet sich ein Dia und ein Poster von J. Splichal. Diese
Fotografik wird hier, wenn auch verkleinert, für die Arbeit im Erzieherteam wiedergegeben: Als Keimling, als Licht, als Steine,
als Dunkelheit könnten die Betrachtenden in einen Phantasiedialog treten.

Praxisbeispiel aus einer norddeutschen Mitarbeitergruppe:
Auf der Suche nach Medien, die offen genug und phantasiean-
regend sein sollten, stieß die Gruppe auf dieses Bild. Da konnte
man gleichsam in die Rollen unterschiedlicher „Beteiligter"
schlüpfen: In die Rolle der Steine, in die Rolle des Lichtes, in die
der Finsternis oder in die Rolle des Keimlings, der nach oben
zum Licht drängt. In kleinen Anspielen der Erwachsenen klang
das dann so:
- „Wir Steine wollen unsere Ruhe haben, dieses kleine kei-
  mende Etwas schiebt und drängt, das ist ja schlimm."
- Der Keimling aber sagte: „Ich will hier nicht im Dunkeln bleiben, auch wenn ihr mich einzwängt, ihr werdet sehen, ich
  kämpfe mich durch. Die Feuchte des Regens, die Wärme von
  oben geben mir Kraft. Schimpft ruhig, ich will wachsen."
- Auch die Finsternis sagte ihre Meinung: „Sieh, der vorwitzige
  Halm, der traut sich zuviel zu! Unsere Kälte, unsere Dunkelheit werden ihn schon klein kriegen. Wir werden stärker sein."
- Zwei Kolleginnen wollten die Gedanken der Sonne sein, die
  noch hinter einem Schleier steht: „Nein, die kalte Nacht wird
  nicht siegen, ich werde jetzt täglich stärker. Ich schenke dem
  Halm Kraft. Ich habe meine Wärme bis nach unten zum Kei-
  men geschickt. Jetzt weiß die junge Pflanze, daß sie unter
  meiner Wärme immer besser gedeihen wird."

Natürlich gab es auch Äußerungen des Widerspruchs, aber
dann meinte eine Kollegin – plötzlich aus dem Phantasiespiel
ausbrechend –: „Daß wir das auch noch können mit unserer
ausgetrockneten Erwachsenen-Phantasie! Die Kinder werden
da aber noch viel toller anspringen!"
    Das wollte man bald versuchen, aber man hatte jetzt selber
Mut und Spaß bei der Sache. Jeder spürte als Erwachsener
auch den „doppelten Boden"! So manches konnte man auf die
menschliche Existenz übertragen, das faszinierte.

D. Übungen mit Kindern

I. Wie unter Punkt III der Erwachsenenübung beschrieben, kann
auch Kindern die Aufgabe gestellt werden, das Bild von J. Splichal auszuphantasieren: Was sagt vielleicht die kleine Pflanze?
Was meinen dazu die Steine?

Praxisbeispiel: Hier ein kleiner Ausschnitt – von einem Tonband
abgeschrieben –, wie ein solches Phantasiespiel mit Kindern
geraten kann:

- „Ich bin die Sonne, ich sag zur kleinen Pflanze, komm,
  wachse, ich mach dich warm und stark!"

- Ich bin die kleine Pflanze, hu, war das da unten dunkel, jetzt komm ich endlich ans Helle, wärme mich, liebe Sonne."
- „Mach ich ja, hab keine Angst."
- „Du, Sonne, geh nicht weg, scheine noch doller"
- „Ich mach dann, jetzt kannst du Blätter kriegen, fang an, los."
- „Bin ich froh, nicht mehr nur ein kleiner Samen zu sein, jeden Tag werde ich größer, größer, größer, guck!"

(So klang das bei den 5–6jährigen, die nur zwei Rollen für wichtig hielten).

Ein anderer Ausschnitt einer gemischten Gruppe, in der am Nachmittag auch Hortkinder teilnahmen, zeigt schon mehr Vielfalt:

- Dunkelheit: „He, du winziger Halm, verzieh dich! Es ist noch kalt, weg mit dir."
- Sonne: „Bleib, mach dich größer, ich werde jeden Tag stärker, das kannst du glauben."
- Dunkelheit: „Die Sonne lügt, die hat noch gar keine Kraft, ätsch, du wirst erfrieren, warum bist du nicht unten geblieben."
- Halm: „Das war zu langweilig, immer eingeklemmt als Körnchen. Es war doch auch da unten immer schön, ein bißchen wärmer, deshalb bin ich gewachsen."
- Sonne: „Du hast das richtig gemacht, du bist aufgekeimt, nun komm höher."
- Steine: „Nanu, wer drängelt denn da? Ach der kleine grüne Halm, so, so."
- Halm: „Ich will nach oben, kleine Wurzeln hab ich schon, jetzt muß ich raus und bald oben Blätter kriegen."
- Sonne: „Komm, werde mein Freund, bald bist du eine Blume, paß auf. Ich will jetzt immer mehr scheinen, das wird schön."
- Halm: „Da freu ich mich."

Da die Erzieher selbst vorher Freude und Erfahrungen mit diesem Bild-Phantasiespiel gewonnen hatten, konnten sie mitspielen und hier und da mit ihren kleinen Einwürfen neue Impulse setzen, wie z. B.: „Aber wir als finstere Nacht schicken bald nochmal Kälte, dann merkst du, daß es unten besser war, sieh dich vor." Jetzt nahmen die Kinder bald mehr und mehr Partei für den Keimling, für die werdende Pflanze. Das Thema Größer-Werden ist ja ihr Grundthema ...

II. Phantasiespiel nach intensiven Spaziergängen mit Beobachtungen an knospenden und aufblühenden Frühlingsblumen auf Wiesen und in Gärten:

Thema: „Wenn die Blumen erzählen, was sie alles erleben!"

Ein Erzieher-Team berichtet aus der Praxis: „Nach vielen Spaziergangsbeobachtungen, bei denen wir mit den Kindern auch
auf dem Bauch liegend Käfer, Raupen und Ameisen beobachtet
haben, ja, dicht am Wiesenboden gleichsam in Blumen- und
Grashalmperspektiven eingetaucht waren, konnten die Kinder
sich gegenseitig erzählen, was eine Blume alles erlebt.
    Wir erzählten, spielten und phantasierten natürlich mit und
gaben hier und da kleine, neue Anstöße. Wenn die Blumen in
unserer Phantasie redeten, klang das etwa so:

– ‚Ich hatte gleich morgens Besuch von einem kleinen, schwar-
  zen Käfer.‘
– ‚Hm, das mag ich auch gerne, wenn ein Käfer mich besucht,
  das kitzelt so schön.‘
– ‚Bei mir war ein Schmetterling zu Besuch, ein ganz bunter.
  Aber er fand mich auch schön.‘
– ‚Morgens bin ich besonders schön, die Tautropfen glänzen an
  mir.‘
– ‚Bei mir auch, und der Marienkäfer, der ist mein Freund, er
  wäscht sich die kleinen Füße bei mir, ja, das stimmt.“

Allerlei Beobachtungen, die wir auf dem Heimweg beredet und
gesammelt haben, verwenden die Kinder in diesen Blumener-
lebnissen. Auch Dinge, die wir informierend gesagt haben, z. B.
vom Schließen der Blüten im Dunkeln, benutzen die Kinder. Auf
unseren Impuls, daß die Blumen bestimmt nicht nur Schönes
erleben, sondern auch manches, was ihnen wehtut, kommen
die Kinder auf Regen, Hagel, Sturm, aber auch auf Füße von
uns, die achtlos zertreten, oder Hände, die einfach alles mög-
liche abreißen.
    In einem Papiertheaterspiel mit aufgemalten und dann ausge-
schnittenen Blumen kommen schöne und schlimme Erfahrungen der Blumen einige Tage später wieder zur Sprache:

– ‚Du, der Regen hat weh getan, die Tropfen knackten auf
  meine Blüte und meine Blätter‘
– ‚Und ich dachte, bei dem Sturm, ich breche ab!‘

Darin spiegelten sich eigene Erfahrungen der Kinder.“

Eine Teamkollegin ließ die Wiesen- und Blumenerfahrungen der
Kinder in einem Stegreifspiel verarbeiten. Zwei sehr unter-
schiedliche Spaziergängergruppen kommen an eine blühende
Wiese. – Hier ihr kleiner Bericht:

„Es ist bei uns guter Brauch, erlebte, beobachtete Vorgänge
nicht etwa in langen Gruppengesprächen aufzuarbeiten, sondern oft genug brechen wir unsere Gesprächskreise ab:
‚Kommt, laßt uns das spielen …‘
    So arbeiteten wir auch spielerisch unsere zwei Wiesenbesu-

che auf. Die Kinder wollten auch den Weg dorthin spielen, er führt an einer alten, leider stillgelegten Mühle vorbei. Hier wünschen wir uns immer, sie möge sich wieder drehen. Alle pusten dann, aber es ist vergeblich. Dann geht es durch einen kleinen Wald, und bald stehen wir vor unserer Wiese.

Im Rollenspiel – drei Tage später im Kindergarten – übernimmt ein Mädchen meine Rolle und gibt den Ratschlag, sich in das Gras hineinzulegen, um viele kleine Sachen zu beobachten: ‚Wir wollen möglichst keine Blume zertreten' –

Wieder liegen oder hocken alle auf dem Boden, diesmal aber im Kindergarten. Mit geschlossenen Augen stellen sich manche alles genau vor und beschreiben, was sie sehen, hören und riechen …

Vor ein paar Tagen sagte ein Junge auf der Wiese: ‚Und ganz oben über den kleinen Blumen ist der Himmel mit den Wolken." Prompt kam – diesmal von einem anderen Kind – dieser Satz wieder, aber mit der ernüchternden Ergänzung: ;.. und mit vier gelben Lampen an der Kindergartendecke!'

Dann wollte natürlich der Bewegungsdrang zu seinem Recht kommen. Über die gedachte Wiese trampelten wilde, ahnungslose Spaziergänger, die möglichst viel abreißen wollten. Jetzt überlegten wir, ob nicht jemand kommen müßte, der dafür sorgt, daß die Wiese noch Blumen behält. Aber die Lösungen: Polizist, Jäger, Bauer, gefielen alle nicht. – Irgendwie war aus dem Spiel die ‚Luft heraus'. Das passiert eben.

Eine Weile später trafen wir auf einem Spaziergang einen uns bekannten ehemaligen Lehrer. Er hat ein paar Bienenvölker, deren Kästen er von Zeit zu Zeit umsetzt. Ich lud ihn – ohne Bienen – mit seinen Utensilien in den Kindergarten ein. Die Kinder waren fasziniert, was er alles von seinen Bienen erzählte. Natürlich wollten sie jetzt unbedingt auch seine Bienenstöcke sehen. Da gab's eine Überraschung! Herr Unger, so heißt der alte Lehrer, hatte drei Völker gerade an den Rand ‚unserer' Wiese aufgestellt. Unter allerlei nötigen Vorsichtsmaßregeln machte er es möglich, daß immer einige Kinder ziemlich dicht an die Kästen herankommen konnten. Tagelang redeten wir von den Ungerschen Bienen. Honigbrote-Essen wurde zu einer ‚feierlichen Handlung'.

Aber mit Blick auf unser baldiges Sommerfest kam uns nun die Idee zu einem ‚Blumen- und Wiesenfest'. Unterschiedliche Spaziergänger sollten im Spiel auftreten, und eine Praktikantin als Imker Unger war die alles verbindende Hauptperson. Er hatte Grund, alle um ein behutsames Betreten der Wiese mit all ihren Blumen zu bitten. Im Herbst will ich den Gedanken der ‚anvertrauten Schöpfung', mit der wir behutsam umgehen sollten, wieder aufnehmen."

So endet der kleine Bericht, der – wenn es die Örtlichkeiten erlauben – vielleicht Nachahmung finden könnte. –

III. Bausteine für ein sommerliches Blumen- und Wiesenfest

1. Ob man folgendes Kehrverslied, das sich wie ein roter Faden durch alle Programmpunkte hindurchziehen könnte, in eine kleine, einfache Reigentanzform bringt? Natürlich könnte man dann auch in der Kreismitte, vielleicht während man eine Strophe nur summt, pantomimisch darstellen lassen, was der Text schildert: Ein oder zwei kommen über eine Wiese, dort entdecken sie allerlei Blumen, aber ein anderer geht über die Wiese und übersieht alle Schönheit ...

Hier das kleine Lied mit seiner Rahmen- oder Kehrreimfunktion für das ganze Blumenspiel:

Text und Melodie: Wolfgang Longardt

Auf der Wiese dort im Gras, sich mal hin, da lebt doch was? Wie es wächst dort! Wie es blüht! Schade, wenn man's über - sieht!

2. Die nachfolgenden sechs Gedichte stammen von Heinz Kahlau. Zum Gedicht von der Winde ließe sich eine kleine Pantomime erfinden: Einige Kinder stellen den Zaun dar, andere die hinaufrankende, sich windende Winde mit den weißen Blüten. Dazu könnte von einem Sprecher das Gedicht gesagt werden:

> Die Winde windet sich geschwind
> und überall, wo Zäune sind.
> Die großen, weißen Blüten
> seh'n aus wie kleine Tüten.

3. Das Lied vom Veilchen (S. 66) ist ganz gewiß auch als kleine Szene mit einem Vogel, dem Star und einem Veilchen darstellbar.

4. Als Refrain böte sich nun eine Wiederholung der Rahmenmelodie an: „Auf der Wiese dort im Gras ..." und alle, Spieler und Zuschauer, könnten es jetzt schon mitsingen.

Text: Heinz Kahlau * Melodie: Wolfgang Longardt

Erst kommt der Star zurück, ein Weilchen, ein

Weilchen dan - ach kommt auch das blaue

Veilchen. Es blüht versteckt, wer es ent-

deckt, den hat der Frühling aufgeweckt, aufgeweckt!

5. Zum folgenden Löwenzahngedicht kann man sich mühelos ein rhythmisch-musikalisches Kurzspiel einer Kindergruppe vorstellen. Weil im Gedicht der Gedanke des immerwährenden Neuanfangs steckt, wäre es auch logisch, das ganze gleich nochmals durchzuspielen. Hier der Text:

> Dem Löwenzahn zum Ruhme
> gibt es die Pusteblume.
> Die Pusteblume ist sein Kind.
> Wenn ihr nicht pustet, kommt der Wind
> und pustet ihre Sterne.
> Sie fliegen in die Ferne,
> und wo sie landen, seht's euch an:
> Da wächst ein neuer Löwenzahn.

6. Weil es bei einem Sommerfest bestimmt auch allerlei Leckeres gibt, tritt nun vielleicht ein Kräutersammler auf. Bei evtl. Magenschmerzen oder auch bei Halserkrankungen weiß er die Minze anzupreisen, und er zeigt sie allen Festgästen auf seiner Wiese:

> Bevor die Minze blüht,
> wird Magentee gebrüht.
> Für frische Luft im Hals
> sorgt die Minze ebenfalls.
> Beliebt bei Kunz und Hinz,
> sind Drops und Pfefferminz.

Möglicherweise treten nun tatsächlich „Kunz und Hinz" auf und verteilen Pfefferminzdrops an alle Mitfeiernden.

7. Zum kleinen Lied vom Mohn, dessen Blüte sogleich abfällt, wenn man ihn abpflückt, läßt sich wohl auch eine winzige Spiel-handlung ausdenken. Ein Kind, das den Mohn schon entdeckt hat, lockt die anderen Kinder auf die Wiese, aber als sie auch diese Blumen pflücken wollen, hat es eine Mahnung auf den Lippen:

Text: Heinz Kahlau * Melodie: Wolfgang Longardt

8. Weil es auf der Wiese eigentlich leise zugeht und noch viele andere zarte Blumen dort beachtet werden wollen, könnte eine sanfte, leise Orff-Improvisation zu einem Schmetterlingstanz rund um die Glockenblume einladen und das folgende Gedicht das kleine Spiel beschließen:

> Die Glockenblume
> mit ihrem Gebimmel,
> so schmetterlingsleise –
> ist blau wie der Himmel.   [im Gras."

Das Rahmenlied ertönt jetzt noch einmal: „Auf der Wiese, dort

Nachbemerkung: In diesen Gedichten und Liedern stecken eine Fülle von Gestaltungsmöglichkeiten für ein Fest im Saal oder eines auf der Wiese, für ein Spiel mit gemimten, getanzten oder aufgemalten Blumen.

Als Hamburger Erzieher auf diese Blumengedichte stießen, erdachten sie sich als Rahmenhandlung zwei Spaziergänger-gruppen, die sich auf der Blumenwiese sehr verschieden be-nehmen. Ein paar Kinder ermahnen aber schließlich auch die gedankenlose Ausflüglergruppe und zeigen ihnen etwas von der Schönheit und Zartheit der Blumen.

9. Aufbrechen und Fortgehen

A. Zur Einstimmung

Ein junger Vater und eine junge Mutter sind stolz, wenn ihr Kind die ersten Schritte macht. „Seht, er/sie kann laufen", so freut man sich dann. Kaum jemand macht sich klar, daß hier mehr und mehr jene Fähigkeit erworben wird, die nicht nur zum beliebten Spiel: „Komm in meine Arme" benutzt wird, sondern auch einmal zum Fortgehen dient.

Frühling und Sommer sind Aufbruchzeiten, Wanderzeiten. Im letzten Sinn ist unser ganzes menschliches Leben ein Unterwegs-Sein. Aus gewohnter, vertrauter Umgebung müssen wir uns immer wieder lösen. Darum gehört zu einer partnerschaftlichen, verantwortungsvollen Erziehung, das Kind fähig zu machen, den eigenen Weg zu suchen, aufzubrechen ins Zukunftsland. Wer Kinder immer an sich binden, ihre Loslösung aufschieben oder verhindern will, der macht sich schuldig. Nicht umsonst sprechen wir in der Pädagogik von der „zweiten Abnabelung". Gelingt sie nicht, dann wird man kein in seinen Entscheidungen selbständiger Mensch. „Aber Mutter weint so sehr ...", klagt ein Kinderlied und gibt damit die Erkenntnis weiter, daß Loslösung und Fortgehen den Eltern in der Regel mehr Schmerz bereiten als den Kindern und Heranwachsenden. Unbewußt sind die Kinder darum für alle Erzählungen und Geschichten offen, in denen es einer wagt, in die Welt zu ziehen. Sein

Abschied ist vorweggeahnt der eigene, besteht er Gefahren, so zieht das Kind daraus jetzt schon eigene Ermutigung, weil es das Auszugs- und Aufbruchsabenteuer mit
durchlebt, sich mit dem Losgehenden identifiziert.

Aber nicht nur durch Ermutigungsgeschichten können
wir schon im Kindergarten nötige eigene Wege und Abschiede stärkend vorbereiten, sondern auch in allem tägli-
chen Ermutigen der eigenen Fähigkeiten, dem Entwickeln
der Ich-Stärke.

B. Religiös-biblische Dimension

Der in heutiger Religionspädagogik (seit Halbfas) ver-
wendete, sehr weite Begriff von *Religion* umfaßt das,
woran der Mensch sich bindet, was ihm unbedingt wert
und wichtig ist. Unsere Wert- und Hoffnungsvorstellun-
gen sind beim „Weg ins Leben" ebenso wie beim „Weg
durch's Leben" herausgefordert. Woran ein Mensch sich
hält in guten wie in bösen Tagen, was ihm Hoffnung gibt,
was Leitschnur und Quelle seines Handelns ist, das wird
in den immer neuen Herausforderungen des Lebens zutage treten. Zum einen kann alle heutige pädagogisch-
psychologische Erkenntnis, etwa die der „zweiten Abnabelung", wonach ein Mensch sich auf dem Wege zum
Erwachsen-Werden lösen muß, auch im Licht der Bibel
bejaht werden (man lese z. B. 1. Mose 2, 24), zum anderen
gibt die Bibel selbst in ihren vielen Weg- und Aufbruchs-
Geschichten ein Grundbild des Menschseins, das im ste-
ten Weiterziehen und Sich-Ausstrecken zu dem, „was da
vorne ist", seinen Sinn findet. Die Väter des Glaubens
sind Menschen, die alles verlassen, eben auch alle Sicher-
heiten, und auf den Gott vertrauen, der unsichtbar begleitet. In einigen Befreiungsurbildern zieht Gott auch in
einer Feuersäule des Nachts und in einer Wolke tagsüber
vor dem Volk Israel her. Andere biblische Gestalten erfahren den leisen Gott, der sie unsichtbar, aber treu begleitet, der zuweilen Boten (angelus = Bote) zu ihnen
sendet oder sie selbst anredet, um ihnen Weisung und
Mut zu geben.

Ein Zurückschauen auf das Vorherige, das Alte, wird z. B. in Lukas 9, 62 getadelt. Unterwegs will Gott sich bezeugen, unterwegs sollen Gotteserfahrungen verwandeln, stärken, läutern, reifen lassen. Im Bild des Zeltes, das dazu bestimmt ist, als vorübergehende Behausung zu dienen, wird der Unterwegs-Charakter beschrieben.

Manche Architekten greifen heute im Kirchenbau diesen Gedanken auf und bauen Kirchen, die in ihrer Form an ein Zelt erinnern, an eine „Hütte Gottes bei den Menschen".

Trotz der Erfahrung, daß auch Christen dem Sich-nach-vorn-Orientieren, dem Aufbrechen immer wieder überängstlich Absagen erteilen, bleibt nach biblischem Zeugnis der Grundcharakter des Glaubens zu betonen: Bußfähig immer auf die Zukunft Gottes hin unterwegs zu bleiben und nicht der bequemen Versuchung zu erliegen, hier „bleibende Stadt" zu suchen.

C. Übungen für Erwachsene

I. Man stelle einmal zusammen, welche Geschichten, Märchen, Legenden, Sagen vom Aufbrechen und Losgehen erzählen. Vor allem Märchen und eine ganze Reihe biblischer Geschichten geben dazu ermutigend gleichsam seelische Nahrung und vermitteln Leitbilder, die tief in das Kind eingehen: Leben und Aufbrechen können gelingen, es lohnt sich das Durchkämpfen, auch wenn Schweres und Dunkles einem auf dem Weg begegnen werden.

II. Ob man im Kreis der Kindergartenmitarbeiter einmal über die Frage nachdenkt: „Wieweit sind Abschiede auch immer Neuanfänge?" Natürlich bietet sich eine solche Thematik auch für einen Gesprächskreis mit den Eltern an.

III. Mit kleinen Fußstempeln kann in der Technik des Kartoffeldrucks (aus einer halben Kartoffel wird die Form einer Fußsohle geschnitten und als Stempelfläche dann eingefärbt) eine eigene Kindheitsgeschichte auf der Rückseite einer Tapetenrolle dargestellt werden: Als ich einmal klein war und losging! Später zeigt man sich gegenseitig die gestempelten Weggeschichten. Die Betrachter raten und deuten zunächst selbst, bis der Autor der „Spurenstempelgeschichte" sein Bild erläutert.

IV. In diesem Zusammenhang ist auch ein Deuten der Bildsprache des Liedes „Hänschen klein, ging allein" wichtig (was bedeuten z. B. Stock und Hut (siehe dazu Kap. 3).

D. Übungen mit Kindern

I. Wir entfalten in Wort, Musik, Spiel und kreativem Gestalten ein Aufbruchs-Märchen. Neben den üblichen Märchen seien hier zwei weniger bekannte Geschichten vorgeschlagen. Entweder wählt man vielleicht Rodaris „Martino"-Märchen[1] oder das auch von Gebrüder Grimm ursprünglich gesammelte Märchen von der „Heckentür"[2]. Beide Geschichten sind relativ kurz und doch voller Urbilder und Motive. In beiden Märchen geht es um den Weg in den Wald, dort sind Gefahren zu bestehen, und die Frage, woran man sich halten kann, was einem Mut macht und Halt gibt, wird bedeutsam.

II. Die obengenannten oder eine andere Aufbruchs-Geschichte können wir für ein großes Fußsohlen-Spuren-Spiel vertiefend benutzen. Aus Papier werden Sohlen, so groß wie Schuhabdrücke geschnitten oder gerissen, natürlich für verschiedene Personen auch in unterschiedlicher Größe und Farbe. Mit diesen Sohlen kann man den Ablauf einer Geschichte auf den Fußboden legen, die fertigen Spuren mit Tesafilm ankleben und dann in den Spuren der Geschichte laufen, ihr nach-folgen! Sehr bald finden die Kinder heraus, daß ein Mutiger andere Schritte macht als ein Furchtsamer. Also läßt sich auch allerlei von der seelischen Befindlichkeit im Weg der Füße ausdrücken. Manchmal wird beim Nach-Spielen in der Spur auch die Fußsohlenlage noch verbessert.

III. Die unter der Rubrik „Übungen für Erwachsene" angedeutete Möglichkeit, eine Weg-Geschichte im Kartoffelstempeldruck auf großflächigem Papier zu gestalten, kann natürlich auch mit der Kindergartengruppe praktiziert werden. Vielleicht stellt man Wegspuren einer Geschichte vom Aufbrechen und Fortgehen auch mit getupften Fingerfarben auf Papier dar.
　　Auf kleinen Fußspuren lassen sich modellierte Figuren bewegen; so sind diese Weg-Geschichten mehrfach wiederholbar. Ohne Figuren ist allerdings der Anspruch an die Ergänzungsphantasie wesentlich höher. Deshalb bevorzugen Drei- und

---

[1] Aus: D. Steinwede, Hemd des Glücklichen, Gütersloher Verlagshaus G. Mohn.

[2] Aus: F. Betz, Märchen-Schlüssel zur Welt, E. Kaufmann-Verlag.

Vierjährige, Figuren auf Wegspuren zu bewegen. Wiederholt man jedoch nach Monaten eine solche kreative Technik, wird zu beobachten sein, wie ältere Kinder sich das Geschehen lediglich anhand der Fußspuren bildhaft vorstellen (imaginieren) können. Entrollt man ein vorher fertiggestelltes Wegspurenbild schließlich wieder, so ist auch ein rhythmisches Verklanglichen der Geschichte ungewöhnlich reizvoll.

IV. Eine geradezu klassische Aufbruchs-Geschichte ist die von Abraham (man lese dazu 1. Mose 12). Von seinen Freunden nimmt er Abschied und wandert in das versprochene Land, das Gott ihm zeigen will. In Stempelspuren, im Spiel mit modellierten Figuren der Karawane Abrahams läßt sich sein Weg nachgestalten. Unterwegs baut er aus Steinen Altäre (Denkmäler), was sich auch gut nachmodellieren läßt. So wie er vor seinem Fortgehen in Ur in Chaldäa aus Steinen manchen Altar (Altar-Tisch) gebaut und ein Opferfeuer angezündet hat, so tut er es jetzt unterwegs in fremdem Land. Das Beten und Opfern am Altar stärkt sein Vertrauen. Er kann wieder ganz festhalten, was Gott ihm versprochen hat. Spielt und gestaltet man mit Kindern diesen Weg Abrahams nach, so empfiehlt es sich, die Karwawanenspuren immer wieder um einen zu bauenden Altar zu formieren. Dies ist nicht nur ein körperliches Rasten. Gestärkt an Leib und Seele zieht man weiter, natürlich nicht ohne auch geschlafen zu haben. Was Abraham am Feuer des Altars dort vielleicht gebetet und gesungen hat, kann man mit den Kindern bedenken. Es war Grund zum Danken da, aber sicherlich hatte Abraham auch viel zum Bitten, denn gefährlich war sein Weg. Oft mag das Wasser knapp geworden sein, Durst, Erschöpfung, Zweifel waren die Begleiter. Wie jeder jüdische Hausvater aber hat Abraham die Mitziehenden auch unter den Segen Gottes gestellt, und dann zog man weiter.

V. Es ist bestimmt gut, rechtzeitig zu bedenken, womit man im Sommer die Schulanfänger verabschieden möchte. Es könnte doch eine Geschichte vom mutigen Aufbrechen sein, vielleicht die von „Martino" oder von „Abraham". Die mutmachenden Bilder solcher Geschichten lohnt es wirklich in des Wortes wahrster Bedeutung zu „vertiefen". Gegenüber den vielen oberflächlichen Geschichten und Eindrücken könnte bewußt in vielfältiger ganzheitlicher Methodik etwa in Abraham-Rollenspielen, Abraham-Figurenspielen, in Fußspurengestaltungen, in Klangspielen und in großflächigen Bildern auf haftende Lernerfahrungen hingearbeitet werden.

Bestimmte Geschichten bieten sich auch nach 12 Monaten zur erneuten Entfaltung und Vertiefung an. Kinder, die schon im Vorjahr dabei waren, gewinnen nun weitergehende Eindrücke, fragen mehr, können in Sprach-, Klang- und Farbspielen sich stärker ausdrücken und damit in diese Geschichten mit Urbildern des menschlichen Weges einleben.

VI. Rudolf-Otto Wiemer hat in seinem Abraham-Lied, das man im Band „9 × 11 Kinderlieder zur Bibel"³ findet, zwar kein echtes Kindergartenlied geschaffen (auch die Vertonung ist recht schwer), aber für das Land, in das Abraham zieht, erfand er klangmalerische, phantasieanregende Namen: Land Weithinaus, Land Wüstenwind, Land Nirgendwo, Land Fremdundkalt, Land Weißnichtwo!

● Wir erfinden Klänge zu einem dieser sehr die Vorstellungskraft stimulierenden Namen. Welche Instrumentalklänge wählen die Kinder wohl für Weithinaus oder für Fremdundkalt?
● Wir malen mit Fingerfarben in verschiedenen Gruppen das Bild eines solchen Landes. Natürlich lassen wir die Kinder wählen. Kann sich noch keiner entscheiden, so sprechen wir jeden Landnamen mehrfach hintereinander, immer leiser werdend, das hat dann fast die Wirkung eines Verklingens in der Weite!

VII. Ob man auch Zeit läßt für die Motive „Rückkehr" und „Wiedersehen"? Vielleicht ist dann Raum für ein Spurenspiel in anderer Richtung? Heimkehrende haben viel zu erzählen. Zunächst aber sind Frühling und Sommer Zeiten, die an das Loswandern denken lassen, und dazu wird man manches Wanderlied singen.

VIII. Überall da, wo die religiös-biblische Dimension aufgenommen wird, könnte auch das nachfolgende Lied eingeführt und entfaltet werden. Es ist so offen, daß es zu sehr verschiedenen Geschichten passen kann, z. B. zu Josef und zu Abraham, aber auch zu Martino:

Text und Melodie: Wolfgang Longardt

Mit allerlei Schritt-Musik kann man es umrahmen und begleiten. Wie klingen auf die Hände gezogene Holzsandalen, wie Gummischuhe, wie feste Straßenschuhe, Hausschuhe usw.?

---

³ Verlage E. Kaufmann und Christophorus.

10. Vom Stützen und Pflegen

A. Zur Einstimmung

In einer zur Elternarbeit vielfach verwendeten Diareihe „Lösen und Binden"[1] ist in mehreren Bildern der Wachstumsvorgang eines jungen Baumes beschrieben. Zum Schutz gegen den Sturm erhält er einen Stützpfahl neben sich. Es wird gezeigt, wie ein zu festes, zu enges Binden den Baum fesselt und hindert, ja schließlich, als er über den Pfahl schon fast hinausgewachsen ist, zur Katastrophe führt: Er bricht ab. Dagegen wird ein anderer junger Baum sorgsam in der Baumgärtnern und Obstbaumfachleuten bekannten Form einer 8 lose und doch stützend mit dem Pfahl verbunden. Das Seil gibt Bewegungsraum und ist doch hilfreich im großen Sturm.

Die Parallele zu unserem Umgang mit Kindern und Jugendlichen drängt sich auf. Alles Pflegen und Helfen soll schließlich zur Freiheit führen. Bindungen dürfen nicht zur Fessel werden.

Ein sensibles Erkennen der Bedürfnisse, ein verständnisvolles Begleiten, ein Stärken der eigenen Kräfte ist vom Beispiel eines jungen Baumes, um den sich ein Gärtner müht, abzulesen. Vieles gewinnt gleichnishafte Dimension.

---

[1] Impuls-Verlag, München.

B. Religiös-biblische Dimension

Für viele Menschen enthält der Vergleich Mensch – Baum
uralte, religiöse Symbolgehalte. Junge Eltern legen ein Fa-
milienstammbuch an. Man möchte seinen „Sprößlingen"
eine gute Zukunft ermöglichen, ihnen viel Stütze geben
und in Pflege und Erziehung nichts versäumen. Fast besteht ein Hang, zuviel zu tun. Schnell werden Kinder
dann gefesselt, beschnitten und eingeengt. Biblische Aussagen wollen demgegenüber zu mehr Gelassenheit einladen, wollen Vertrauen stärken – ohne die Verantwortung
des Erwachsenen zu verleugnen. Auch ein Mensch
braucht so etwas wie „Wurzel- oder Mutterboden",
braucht Tiefenkräfte. Woher bezieht er letztlich sein Vertrauen? Wohl kaum aus sich selbst und seinen rasch er-
schöpften Kräften. Im Psalm 1 und auch in Jeremia 17
werden die Wurzeln des Vertrauens in die Kraft Gottes
beschrieben. Daß viel von dem Samen zu unserem Staunen eines Tages wie von selbst aufgeht, nachdem wir den
Boden (eben auch den „seelischen Boden in Kindern") be-
reitet, gelockert haben, wird in Markus 4, 26 ff erzählt.
Was hier für das Wachsen von „Glaube, Liebe, Hoffnung", den Kennzeichen des Reiches Gottes und eines
glaubenden Menschen, gesagt wird, läßt sich schließlich
auf all unser Begleiten der Kinder übertragen. Ohne daß
wir es wissen, dringt so manches tief in die Kinder ein.
Niemand aber kann sagen, wann es fruchtbringend ins
Bewußtsein kommen wird. Letztlich ist alles partner-
schaftlich-erzieherisches Handeln ein Tun auf Hoffnung
hin. Aber auf diesen Weg geht es um das rechte Maß im
Pflegen, Binden, Stützen und Loslassen.

C. Übungen für Erwachsene

I. Wir reden über das Geheimnis der rechten Bindung junger
Bäumchen. Ein allzu loses Band ist nämlich keine Hilfe und
Stütze. Geht es beim Stützen eines Baumes um die Elastizität
der Bindung, so wäre daraus beispielhaft eine Parallele zur er-
zieherischen Aufgabe zu entwickeln.

II. Pflegen und Hegen ist oft eine mühsame Arbeit und eine Ge-
duldsprobe. Zu folgender gereimter chinesischer Geschichte
erfinde man viele Überschriften:

> Ein Mann in Sung
> schon nicht mehr jung,
> hat auf dem Feld
> sein Korn bestellt.
>
> Die Zeit ward lang,
> dem Mann ward bang,
> man sah ihn geh'n
> sein Feld beseh'n.
>
> In seinem Zorn,
> schalt er sein Korn:
> „Was fällt dir ein?
> sollst größer sein!"
>
> Was tat er dann,
> in Sung der Mann?
> Er zog, o Graus,
> das Korn heraus.
>
> Zog jeden Halm
> hinauf ein Stück.
> Wollt mit Gewalt
> sein Ernteglück.
>
> Das Korn fiel um,
> der Mann war dumm,
> in jedem Haus,
> lacht man ihn aus.

Vielleicht kann man die auf einzelne Zettel geschriebenen Überschriften sortieren: Welche sind aus der Sicht des Mannes formuliert, welche aus der Sicht der anderen, welche aus der Sicht
des Korns, das noch gar keine Kraft hatte und nun Opfer von
Wind und Sonne wird.

Die reizvolle Parallele zum Umgang mit Kindern liegt wieder
auf der Hand. Man könnte sogar Variationen zu dieser chinesischen Geschichte schreiben und sie wie eine Moritat vom
schlimmen, ehrgeizigen Umgang mit Kindern aufmalen. Für einen Elternabend wäre das mehr als nur ein interessanter Ein-
stieg.[2]

---

[2] Eine Melodie zu dieser gereimten chinesischen Parabel findet sich in W. Longardt, Du bist unter uns. Kinder singen und fragen, Gütersloher Verlagshaus
G. Mohn, 1976.

D. Übungen mit Kindern

I. Die nachfolgenden Strophen mit gesungenem Kehrreim können zu einem kleinen szenischen Spiel ausgestaltet werden.
Vorher ist natürlich Episode für Episode an eigenen Beobachtungen und Erfahrungen zu entfalten.

Text und Melodie: Wolfgang Longardt

Bäume und Pflanzen, die leiden oft Not,

pflegt diese Erde, ist   Gottes Gebot!

Got-tes Gebot!

1. Episode:

Ein Mann, der sät' im Garten sich feinen Kohl,
und in den ersten Wochen gedieh er wohl,
doch fleißig jäten, gießen wollt' er nicht tun,
statt seinen Kohl zu pflegen, da wollt' er ruhn!
    Kehrreim
Und dann nach ein paar Wochen sah's traurig aus,
da ragte viel mehr Unkraut als Kohl heraus,
anstatt das Beet zu pflegen, zu jäten fein,
ließ er am End' die Pflege dann gänzlich sein.
    Kehrreim
Wir woll'n es besser lernen in Gottes Welt,
weil nur die gute Pflege Natur erhält,
wir woll'n mit off'nen Augen die Pflanzen seh'n,
sie schützen und nicht achtlos dran vorübergeh'n.
    Kehrreim

2. Episode:

Es stand an einem Holzstab ein Bäumchen klein,
das sollt' bei Wind und Stürmen dort sicher sein.
Der Faden doch im Sturme zerriß entzwei,
und jedem, der vorbeiging, war's einerlei.
    Kehrreim

> Das Bäumchen war auch durstig, der Regen knapp,
> die Blätter hingen traurig und müd' herab,
> doch niemand kam zur Hilfe in dieser Not,
> der Sturm brach ab das Bäumchen, und es war tot.
> Kehrreim

3. Episode:

> Es lag auf einer Straße vom Sturm gedrückt,
> ein kleines Sonnenblümchen, fast schon geknickt.
> Vom Wind gedrückt nach unten in Schmutz und Sand,
> so mancher ging vorüber – rührt keine Hand.
> Kehrreim
> Ein jeder Windstoß bog sie nach unten tief,
> und keiner wollt' es sehen, der dort langlief.
> Da endlich kamen Kinder und blieben steh'n,
> sie wollten nicht wie andere dies überseh'n.
> Kehrreim
> Die Sonnenblume wartet auf Hilfe sehr,
> die langersehnte Hilfe, die kam nun endlich her.
> Mit Stab und Schnur sie banden die Blüte fest,
> weil Blüten man am Boden doch so nicht liegen läßt.
> Kehrreim.

Nachbemerkungen

1. Man überlege einmal, ob zu einem Fest vielleicht drei Gruppen eines Kindergartens je eine Episode gestalten und zum Erhöhen der Spannung dies voreinander auch „geheim"halten. Wenn die Kinder alle Beiträge eines Festes schon vorher kennen, ist dies sicher nicht gut. Erwartung und Vorfreude können steigen, wenn man gespannt ist, was die andern wohl machen.

2. Eine spielbare Sonnenblumenballade, die von den Vorgängen im Jahreskreis ausgeht bis hin zum biblischen Versprechen: „Es soll nicht aufhören, solange diese Erde steht, Saat und Ernte, Sommer und Winter, Tag und Nacht ..." (1. Mose 8), findet sich in der Spielmappe „Anvertrautes entdecken", hrsg. von Wolfgang Longardt (Christophorus Verlag, Kaufmann-Verlag).

II. Die unter den Übungen für Erwachsene (Vorschlag II) angeführte chinesische Geschichte vom Mann aus Sung ist natürlich auch mit den Kindern spielbar. Die für Erwachsene naheliegende Parallele zur Erziehersituation fällt dann natürlich weg. Die Kinder haben Freude an diesem Beispiel aus der Welt des Wachsens, in der mit Gewalt und Ungeduld nichts erreicht wird. Wer pflegen und hegen will, muß Geduld haben, warten können, viel auf Hoffnung tun. So gesehen sensibilisiert diese Ge-

schichte, die sowohl als Erzählpantomime wie auch als Puppen-
bzw. Schattenspiel gestaltet werden kann, auch für behutsamen Umgang mit der Schöpfung.

III. Als rhythmisch-musikalische Aufgabe kann das Stützen eines kleinen Bäumchens in Sturm und Unwetter mit den Kindern
gestaltet werden. Natürlich sind sowohl für das Bäumchen als
auch für den Stützpfahl Kinder im Spiel. Das langsame Empor-
wachsen, das Sich-Halten-Können an einem starken Pfahl ist
dabei ebenso reizvoll wie das phantasievolle Darstellen von
Sturm und Unwetter, vielleicht mit Tüchern und Bändern, sowie
natürlich mit einigen, ausgewählten Orffschen Instrumenten.
Wer allerdings zuviele verschiedene Instrumente zur Wahl an-
bietet, leistet den Kindern und ihrer Gestaltungsphantasie einen schlechten Dienst. In der Beschränkung liegt die große
Chance, sich auf wenige Gestaltungselemente zu konzentrieren. (In seiner musikalischen Poetik schreibt Igor Strawinski
den Satz: „Wenn ich mich beschränke, bin ich frei".) Viele Spiel-
und Gestaltungsversuche im Kindergarten leiden darunter, daß
vorher vom Erzieher ein zu weiter Rahmen der Medien, Geräte
und Instrumente gewährt wird. In der Fülle der Möglichkeiten
können die Kinder sich verlieren. Gibt man aber nur zwei Instrumente, etwa für das Wetter nur Zimbeln und eine Pauke, dann
liegt es nahe, auf diesen beiden Instrumenten alle unterschiedlichen Klang- und Geräuscherzeugungsmöglichkeiten zu erproben, statt vorschnell zu einer anderen Klangquelle zu springen.

Was für den musikalischen Bereich empfehlenswert ist, gilt
auch für den Umgang mit Requisiten. Vieles ist geradezu stö-
rend und lenkt ab. Wenige Dinge, etwa nur einfarbige Tücher,
und die Körperausdrucksmittel der Kinder für Wolken, Regen,
das Bäumchen und seinen Halt helfen zu intensiverem Aus-
schöpfen der Möglichkeiten.

11. Von Dornen und Disteln

A. Zur Einstimmung

Ältere Kindergartenpädagogik neigte nicht selten zu idyllischen Verniedlichungen. Da wurden aus Blumen Blümlein, aus Hunden Hündlein, aus der Mutter ein Mütterlein. Übermäßige Harmoniesierungsbedürfnisse führten zu einem lieblich rosa gefärbten Bild von Menschen, Tieren, Pflanzen. Aber es gibt doch schon im Leben der Kinder das Dornige, das Schmerzhafte. Mitten im bunten Geschehen eines Vormittags ereignen sich Schmerz und Tränen.

Der ganzen Spannweite des Lebens sollen Kinder entgegenwachsen, immer neu wachsende Lernerfahrungen machen, gegenüber dem Dornigen, Leidvollen freilich gestärkt durch viele positive, harmonische Grunderfahrungen und ein reiches Urvertrauen.

B. Religiös-biblische Dimension

Fast alle großen biblischen Gestalten durchleiden den Wechsel von Höhen und Tiefen. Ist der Held in Märchen und Mythen oft derjenige, der gestählt alle Prüfungen auf seinem dornenreichen Weg sieghaft besteht, so durchleiden biblische Gestalten manche Stationen des Scheiterns. Petrus überschätzt seine Kräfte, David und Saulus stürzen tief. Aber diese schmerzhaften Erfahrungen sind

Schlüsselerfahrungen: Sie formen und prägen ihren Gottesglauben. Die ersten Christen mußten dornenreiche, leidvolle Wege gehen.

Jesu Passion ist nicht am Karfreitag zu Ende, sie geht weiter in denen, die sein Kreuz auf sich nehmen. Auf dem Weg nach Golgatha mußte Jesus einst eine Dornenkrone tragen, ein Sinnbild des Leidens, aber auch der Größe Jesu. Sein Weg der Liebe, der Hingabe, der Versöhnung war damals vielen ein Ärgernis und ist es noch heute.

Manche pseudo-religiösen Weltverbesserer und Glücksbringer versprechen Wege eines schmerzhaften, allseits harmonischen Daseins, doch die Erfahrung eines erfüllten Lebens macht wohl niemand, ohne auch Schmerz und Leid begegnet zu sein.

Wer als Erwachsener im Blick auf seine Biographie die „Dornen und Disteln" schließlich bejaht, erahnt etwas von der Ganzheit des Lebens.

Für die Auswahl von Themen und Geschichten, die wir Kindern entfalten, hat darum Walter Kettler[1] auch für den Kindergarten auf die Bedeutung des Erzählens von Schmerz, Scheitern und Dunkelheit hingewiesen. Geschichten vom Weg Jesu, von seiner Passion, sind darum in angemessener Auswahl für 4–6jährige Kinder auch schon wichtig, wobei aber der Erzählbogen unbedingt bis zum Ostermorgen reichen muß.

C. Übungen für Erwachsene

I. In einem freien Assoziationsspiel lohnt es zu fragen: Was fällt uns ein zum Stichwort *„Dornen und Disteln"*?
Hier als Praxiseinblick Auszüge aus dem Protokoll einer Kindergarten-Mitarbeiter-Sitzung:

– „Bei ‚Dornen und Disteln‘ fällt mir mein Garten ein."
– „Ich denke gleich an das Sprichwort: ‚Keine Rose ohne Dornen.‘ "
– „Mir fällt die Dornenkrone Jesu ein."

---

[1] Man lese dazu Walter Kettlers in „Welt des Kindes" erschienenen Aufsatz: Vom Scheitern und vom großen Gelingen (Heft 1/1982).

- „Zuerst dachte ich, wie schön eine Distel auch blühen kann, bei der Rose weiß das ja jeder."
- „Ja, und doch ist der Umgang eben nicht ungetrübt harmonisch, so wie das ganze Leben."
- „... bei dem die Dornen oft überwiegen."
- „Aber vielleicht sagt man das aus einer bestimmten Optik heraus, weil die Blüten, das Schöne kaum noch gesehen werden."

(Ende des Protokollausschnittes.)

In diesem Mitarbeiterkreis drehte sich das weitere Gespräch dann um die Bedeutung des Wortes: „Keine Rose ohne Dornen", denn oft meint man damit nicht nur den Charakter eines Partners, sondern auch gegensätzliche Lebenserfahrungen.

II. Das Gedicht Goethes: „Sah ein Knab' ein Röslein stehn", kann – vielleicht sogar für ein Fest mit den Eltern – als Erzählpantomime gestaltet werden. In einer Strophe weist die Rose darauf hin, daß sie stechen wird und zwar so: „... daß du ewig denkst an mich." Sie ist nicht wehrlos im Erleiden dessen, was da geschieht. Ganz sicher wollte Goethe mehr aussagen, als nur einen Blumenpflück-Vorgang beschreiben. Ihm ging es um Hintergründiges, um die gleichnishafte Ebene.

D. Übungen mit Kindern

I. Wir machen wieder ein „Als-wenn-als-ob-Spiel" zum Üben der Einfühlungsphantasie. Dazu stellen wir eine schön aufgeblühte Margerite und eine blühende Distel in unsere Kreismitte. Als ob beide Pflanzen einen Mund hätten, denken wir uns aus, was sie sich gerade erzählen. Vielleicht staunen sie, wie verschieden sie sind? (o. ä.) Gewiß kommt es, sobald Kinder in solchen Phantasie-Dialogspielen und im vergleichenden Beobachten etwas geübt sind, zu allerlei Sätzen, die beide sich erzählen: „Du siehst aber anders aus als ich ..."

II. Die Erzieherin erzählt im Blick auf die Distel und die Margerite folgende Geschichte:

„Eine Margerite, so wie diese hier, hatte schon lange liebevoll auf eine blühende Distel geschaut. „Du, ich mag dich sehr", sagte sie. „Ich möchte ganz nahe zu dir kommen und dich umarmen, aber dann piekst du mich." „Was da piekt, das gehört zu mir", meinte die Distel. „Ach, da habe ich eine Idee", schlug die Margerite, die so gern die Distel umarmen wollte, vor, „alles was an dir piekt, das lasse ich abschneiden, alle Stacheln sollen ab."

„Nein, wenn du mich magst, darfst du nichts von mir abschneiden, hörst du?", warnte die Distel. „Nun gut", lenkte die Margerite ein, „du gefällst mir so, dann will ich lernen, dich so zu
umarmen, daß es mich nicht so arg piekt." Und von Tag zu Tag
mochten sich beide mehr, und wenn der Wind wehte, tanzten
sie sanft hin und her.
Impuls: Ob daraus ein Rollenspiel entsteht?

III. Sensorische Übungen in Verbindung mit verbalem Ausdruck
lohnen gerade beim Vertraut-Werden mit Holz und Gehölzen.
Wie fühlt sich Eichenrinde an, wie Birkenrinde? Wie ein frischer
Weidenstock, wie ein geschälter? Wie riecht frisches Bastel-
holz? u. ä.

Hier ein Praxisausschnitt (Gesprächsprotokoll)

- „Mein Papa bastelt schön mit Holz, das mag ich gern rie-
  chen."
- „Ich hab' schon mit Sandpapier was schön glatt gerubbelt."
Erzieherin: „Wie fühlt sich das Holzbrett dann an?"
- „Na, schön zum Streicheln."
- „Aber du, da hab' ich auch so lang gerutscht, und dann war
  ein Splitter hier drin."
- „Splitter tun doof weh."
Erzieherin: „Zeig, ist der Splitter noch drin?"
- Ach, den hat mein Papa rausgemacht. Er hat öfter Splitter
  und richtig Blut an seiner Hand. Macht nichts, sagt er."
- Du, mein Vater baut ein Regal. Ich gucke gerne zu, weil das
  schön riecht und sich schön anfühlt."
Erzieherin: „Und einen Splitter hast du dir auch schon eingeris-
sen?"
- Hat Mami gleich rausgemacht, und am Fuß den Dorn auch,
  ziemlich groß war der."
(Ende des Protokollausschnittes)

IV. Wer die religiöse Dimension nicht umgehen, sondern zur Fastenzeit (Passionszeit) auch phantasievoll entfalten will, kann
die den Kindern erzählten Jesus-Geschichten nun in einem besonderen Fußspurenbild zusammenfassen. Mit Kartoffelstem-
pel oder Kartonstempel kann man einen Spurenweg auf die
Rückseite einer Tapetenrolle gestalten (s. Kap. 9).
    Für den Weg Jesu sollten die ersten Fußspuren kleiner sein.
Dazu bauen wir aus Tischlerabfällen eine Erinnerung an Bethle-
hem auf (Krippe und Stall), dann ein paar Spuren weiter eine angedeutete Zimmermannswerkstatt. Zu größeren Fußspuren
entstehen Türen, Zäune, Tische, Betten, Boote (dort hat Jesus
Menschen besucht, getröstet, geheilt, hat ihnen von Gott gesagt). Aber manche ärgerten sich, wenn er Leute wie Zachäus

besuchte, auf die andere mit Fingern zeigten. Zu diesen Fußspuren formen wir eine kleine Dornenkrone, und einige Fußspuren weiter bauen wir ein Kreuz und dahinter die große
Osterkerze! Täglich wächst der Spurenweg mit allerlei Holz
dazu. Davor singt, redet, staunt man (die Ergänzungsphantasie
wird so in hohem Maße angeregt, innere Bilder geformt, durch
Erzählungen geweckt!).

Davor kann man singen:

Text und Melodie: Wolfgang Longardt

Aus Holz wird vielerlei ge-baut, aus
Holz kann mancherlei ent-steh'n: Bald
grau-sam hart, bald hell und schön, an
Je-su Weg kann man es seh'n.

12. Von Sonnenuhren und von leiser Zeit

A. Zur Einstimmung

Wer in ein Uhrenwarengeschäft geht und dies mit offenen, empfindsamen Ohren tut, der wird sich dem Reiz der Uhrenmusiken nicht verschließen: Dutzende von Uhren unterschiedlicher Größe, unterschiedlichen Schlag- und Klangwerkes machen dort Musik. Das tickt und schlägt in vielen Klangfarben und Geschwindigkeiten.

Akustische Zeitmesser sind uns allen vertraut. Viele Menschen lieben eine behaglich tönende Wohnzimmeruhr. Andere warten auf das gewohnte Schlagen der Kirchturmuhr. Doch bei allem sollten wir die lautlosen Zeitmesser nicht vergessen: Mancher Haushalt hat noch eine kleine Sanduhr als Eieruhr.

An alten Kirchenkanzeln findet sich zuweilen eine große Sanduhr als Sinnbild der Vergänglichkeit, der verrinnenden Zeit.

(Man vgl. dazu auch die Gedanken zum Motivkreis „Vom Schmelzen – Auftauen und Zerrinnen.")

B. Religiös-biblische Dimension

In alten Mysterien- und Totentanzspielen taucht häufig die Vorstellung von der ganz plötzlich und unerwartet endenden Lebenszeit auf. Ein Gevatter Tod, ein Spielmann o. ä. rufen Menschen zusammen, deren Zeit abgelaufen ist. Märchen und Mythen gebrauchen vielfältige Bilder für die Grenzüberschreitung am Ende der Lebenszeit eines Menschen, zuweilen wird dann von einem Fährmann erzählt, der kommt und „an's andere Ufer übersetzt", wenn die Lebensuhr abgelaufen ist. Manchmal hält im Märchen der Tod den Menschen eine abgelaufene Sanduhr als Beweis vor Augen. In biblischer Tradition ist die Menschen- und Erdenzeit auch begrenzt, sie kommt an ein Ende, für den einzelnen Menschen und schließlich für die Menschheit der ganzen Welt. Vom „jüngsten Tag" redet die Bibel (man vgl. dazu Matth. 24, 36 ff). Auch im Bild des Festes verbunden mit einem großen Mahl schildert die Bibel den Anbruch der neuen, vollendeten Welt Gottes. Endliche, das heißt begrenzte Zeit, steht der Ewigkeit Gottes gegenüber.

Weil unsere Lebenszeit begrenzt ist, mahnen neutestamentliche Zeugen, die Zeit auszunutzen, denn niemand von uns kann seiner Lebensspanne auch nur etwas hinzusetzen. Weil aber alle Zeit unter der Nähe, unter dem Segen Gottes stehen darf, singen die alten Psalmbeter: „Alle Zeit ist Gottes Zeit!"

C. Übungen für Erwachsene

I. In einer entspannten Mitarbeiterrunde kann man schon einmal das Spiel wagen: „Wie lang ist eine Minute wirklich?" Einer schaut auf eine Armbanduhr zur Zeitkontrolle und gibt das Startzeichen: „Jetzt". Alle anderen erspüren schweigend mit geschlossenen Augen – zählen ist natürlich unfair – wie lang eine Minute ist. Wer glaubt, die Minute sei um, hebt leise den Arm. Verblüffende „Zeitunterschiede" werden dabei herauskommen.

II. Als Imaginationsübung erinnere man sich einmal an Augenblicke, an denen man vor einer vielleicht beeindruckenden oder für das damalige Leben sehr wichtigen Uhr gestanden hat. Mit Konzentration und Stille (natürlich auch bei geschlossenen Augen) kann ein solches Erinnerungsbild wieder vor unserem inneren Auge erstehen. Nach einigen Minuten öffnen die Mitspieler wieder die Augen, und nun beginnt man, sich von den erinnerten Uhren-Augenblicken zu erzählen. Manch einer wird

sehr detailliert beschreiben können, wie jene Uhr ausgesehen
hat, wie die Umstände waren usw.

III. Als Gesprächsanstoß eignet sich auch aus Christian Mor-
gensterns Gedichten jenes über Palmströms Uhr:

> Palmströms Uhr ist andrer Art,
> reagiert mimosisch zart.
> Wer sie bittet, wird empfangen.
> Oft schon ist sie so gegangen,
> wie man herzlich sie gebeten,
> ist zurück- und vorgetreten,
> eine Stunde, zwei, drei Stunden,
> je nachdem sie mitempfunden.
> Selbst als Uhr, mit ihren Zeiten,
> will sie nicht Prinzipien reiten:
> Zwar ein Werk, wie allerwärts,
> doch zugleich ein Werk – mit Herz.

Wie unterschiedlich lang kann jemand eine Viertelstunde empfinden, der in Sorge ist. Ist es die Zeit vor einem schweren Abschied, so erscheint sie grausam kurz usw.

Hier ein Praxisbericht zu Palmströms Gedicht und Motiv „Zeit":

„Auf einem Erzieher-Seminar zum Thema: ‚Sozialpädagogische
Arbeit braucht statt Zeitdruck Muße', erspielten die Teilnehmer
abends in mehreren Stegreifdarstellungen das obige Palm-
ström-Gedicht. Das Ergebnis einer Gruppe war besonders in-
teressant und Anlaß für lange Gespräche. Durch eine kreis-
runde Pappe steckten zwei Teilnehmer ihre Arme und spielten
die Uhr (zunächst pro Zeiger zwei dicht zusammengeführte
Arme). Nun traten nacheinander ein Liebhaber mit Blumen-
strauß auf, der ungeduldig auf sein Rendezvous wartete, und
dann ein Prüfling, der noch im letzten Moment vor seiner theo-
retischen Führerscheinprüfung eifrig aus einem Büchlein aus-
wendig lernte. Der Prüfling trat vor die Uhr und beschwor sie,
ganz langsam zu gehen, denn er wollte noch Zeit gewinnen. Der
Liebhaber kam zur Uhr und flehte sie an, schneller voranzuge-
hen, damit der glückliche Augenblick bald erreicht sei, an dem
seine Liebste erscheinen würde. Abwechselnd wandten sich
beide mit gesteigerter Intensität an die Uhr, die in der Tat bald
auf Wunsch langsamer ging, bald schneller. Dann aber traten
beide genau gleichzeitig vor die Palmström-Uhr und flehten sie
an, langsamer und schneller zu gehen, und etwas Absonderli-
ches geschah: Die für jede Bitte empfindsamen Zeiger zerteil-
ten sich, der große Zeiger wurde zum Zwillingszeiger, ein Teil
von ihm (ein Spielerarm) ging rückwärts, ein anderer Zeigerteil
lief rasch voran (ein anderer Spielerarm). Aber über diesem
mühsamen Akt zerbrach die Uhr.

Mehrere Gruppen von Teilnehmern spielten ihre kleinen Fassungen vor, immer war die Uhr am Ende ,überfordert'. Zum anschließenden Abendrundgespräch gab dies viele Anstöße. Unser Zeitempfinden ist verschieden, unsere Gefühle und Wünsche gegenüber der Zeit ebenfalls, aber sie läuft unaufhörlich weiter. Auch wenn wir es nicht wahrnehmen, die Zeit bleibt nicht stehen, obschon wir es zuweilen wünschen. Leise verrinnt sie."

D. Übungen mit Kindern

I. Wir vergleichen große und kleine Uhren und lauschen auf ihren unterschiedlichen Klang. Wir besuchen die größte Uhr, die auf einem Spaziergang für uns erreichbar ist.

II. Wir imitieren in Klangspielen das unterschiedliche Ticken und Schlagen von Uhren.

III. Wir malen Uhren (vor allem mit Zifferblättern) und erkennen, daß jede Uhr so etwas wie ein Gesicht hat. Mit Uhrengesichtern erfinden wir eine Geschichte, in der eine Uhr uns bald fröhlich, bald traurig anschaut ...

IV. Wir bestaunen geräuschlose Zeitmesser: Sanduhren, Eieruhren alter Art und Sonnenuhren. Wir spielen damit Zeit-zu-Messen.

V. Wir gestalten spielerisch-kreativ die nachfolgende Uhrengeschichte:

„Eine Sonnenuhr und eine Turmuhr, die hatten einen Streit. Die Turmuhr sagte: ,Ich tauge mehr, ich zeige nicht nur, wie spät es ist, nein, ich schlage auch noch, so daß es jeder hören kann.' Die Sonnenuhr meinte: ,Tag und Nacht machst du Lärm, dein Ticken und Tacken stört doch und dein lautes Schlagen, ich will sanfter und leiser sagen, wie spät es ist.' Die Turmuhr aber hatte nun eine neue Idee, um sich zu brüsten: ,Hoho, wenn die Sonne untergegangen ist, bist du gar nicht zu gebrauchen, aber ich bin eine zuverlässige Uhr, Tag und Nacht.' Da sprach die Sonnenuhr: ,Zuverlässig? Und was war denn mit dir in der letzten Woche, als zwei Männer in den Turm zu dir steigen mußten, weil du stehen geblieben warst?' Etwas verlegen meinte die Turmuhr: ,Na, da brauchte ich etwas Öl und wurde neu geschmiert.' ,Ich brauche kein Öl, so etwas kann mir nicht passieren', rief die kleine Sonnenuhr. Doch da kam eine dunkle Wolke, und das war der Sonnenuhr peinlich, denn sie konnte keinen

Schatten werfen und nicht mehr anzeigen, wie spät es war. ‚Siehst du‘, rief die Turmuhr, ‚jetzt bist du außer Betrieb.‘ Da kamen zwei Schwalben dahergeflogen und wunderten sich über den Streit der Turmuhr und der Sonnenuhr. ‚Was streitet ihr denn, wir pfeifen auf euch beide. Ob es Morgen oder Abend ist, das sehen wir am Himmel. Wenn ihr beiden noch weiter zankt, werdet ihr am Ende ganz häßlich, und keiner mag euch mehr anschauen. Und eine Uhr, die kein Mensch mehr anschaut, was ist die schon wert?‘ Sie flogen noch einmal um den Turm und die Sonnenuhr und riefen: ‚Wir brauchen überhaupt keine Uhr, wie schön das ist.‘

VI. Wir basteln eine Sonnenuhr und beobachten den Gang des Schattens. Langsam und leise wird so die Zeit gemessen. Wir reden darüber: Manchmal ist ein Kindergartenvormittag so lang, manchmal so kurz.

Dazu hier ein Protokollauszug aus einem Praxisbericht:

– „Wenn's Spaß macht, sagen wir: Schon Schluß?"
– „Ja, wir haben dann gerade so schön gespielt."
– „An meinem Geburtstag geht auch alles viel zu schnell, mit einem Mal ist schon Abend, schade."
Erzieherin: „Vielleicht schummelt die Uhr dann, um dich zu ärgern und geht schneller?" (Kinder lachen)
– „Die Uhr schummelt nicht, die geht richtig."
– „Nein, bei uns war sie kaputt, ein bißchen kaputt und ging zu spät, da war mein Papa böse."
– „Dann muß sie zum Uhrendoktor, hihi, kriegt Lebertran."
– „Mein Papa sagt, Öl braucht die Uhr, und manchmal muß sie auch sauber gemacht werden, innen drin so."
– „Guck, jetzt ist unsere Sonnenuhr ganz leise schon wieder weitergegangen".
– „Hm, und nicht mit Öl und nicht mit Ticken."

13. Von Wolke, Wüste und Wind

A. Zur Einstimmung

Wer sich einmal die Zeit nimmt, die folgenden Verse, mit denen eine neues geistliches Kinderlied beginnt, auch als Erwachsener in Ruhe für sich zu bedenken und vielleicht mehrfach laut zu sprechen, in dem werden Bilder lebendig, die Tiefenschichten anrühren:

> Wolke, Wolke,
> Wüsten warten.
> Mach sie, mach sie,
> mach sie doch zum Garten.

Der vierfache Wortbeginn mit einem „W" (von Fachleuten Alliteration genannt) nimmt sofort gefangen. Ein Eindruck von Weite stellt sich ein. Aber da ist ein drängender Wunsch, der wie in Kinderart mehrfach wiederholt wird und dadurch an Intensität gewinnt: „Mach sie, mach sie, mach sie doch zum Garten." Oft bitten uns Kinder so, und denkt man an trockenes, dürstendes Land mit seiner Sehnsucht nach lebensspendender Frische, so ist dieser Wunsch leicht nachzuempfinden.

B. Religiös-biblische Dimension

Viele Geschichten der Bibel sind in der Wüste geschehen. Durch die Wüste zu wandern wurde darum zum Urbild des Glaubens. In hohem Maß bedeutet dort Wasser *Le-*

ben. Aber es ist auch bekannt, wie schnell sich der Wüsten-
boden verändern kann: Nach einem Regen beginnt die
Wüste zu blühen.

Zeit in der Wüste bedeutet für biblische Gestalten und
für das wandernde Gottesvolk eine Bewährungszeit und
damit auch eine Phase besonderer Erfahrung mit dem
treusorgenden Gott. Doch steht das Bild Wüste ebenfalls
für den Raum der *Stille.* Jesus geht die Stille suchend in
die Wüste. Er entzieht sich dem lauten Geschehen. Elia,
der Prophet, sagt nach langer Trockenheit endlich wieder
Regen an und läßt seinen Diener Stunde um Stunde aus-
schauen, ob nicht endlich eine kleine Wolke am Himmel
aufzieht. Und dann erlebt er den erlösenden Regen für
Menschen, Tiere und Pflanzen. (Zum Wagnis der Wanderung durch die Wüste siehe auch Kapitel 9.)

C. Übungen für Erwachsene

I. Zum Lied „Wolke, Wolke, Wüsten warten" notiere man gemeinsam auf einem großen Malbogen allerlei spontane Einfälle.
    Wie so etwas im Detail verlaufen kann, belegt der anschlie-
ßende Bericht mit Lernerfahrungen eines Erzieherteams.

Text: Wilhelm Willms * Melodie: Peter Janssens

Aus: He du mich drückt der Schuh, 1975. Rechte beim Peter Janssens Musik-Ver-
lag, Telgte – Westfalen (ebenfalls die Strophen S. 93 und 95)

Praxisbericht: „Eine Erziehergruppe hat das Wolkenlied (8 Strophen) auf einer Tagung kennengelernt und plant, Teile des Liedes Kindern zu erschließen. Weil aber, das spürt man, in diesen Worten soviel Hintergrund steckt, daß man sich als Erwachsener erst einmal hineingeben sollte, verbinden die Erzieher eine Dienstbesprechung für die eigene Erschließung des vielschichtigen Themas.

A) Ein großes ‚Brain-Storming-Blatt' wird beschrieben. Jeder Einfall ist dabei erlaubt, noch wird nichts hinterfragt, zurückgedrängt oder gar bewertet. Hier ein Teil der Einfälle:
- Die Wüste lebt
- Vertrocknen
- Erlösender Regen nach der Trockenheit
- Sich nach Wasser und Frische sehnen
- Menschen, Pflanzen und Tiere leiden unter der Trockenheit
- Platzregen
- Tropfen auf den heißen Stein
- Regenbogen
- Regenzeit – Trockenzeit
- Versiegende Brunnen
- Ohne Wasser (Regen) stirbt alles ab
- Nicht jede Wolke regnet
- Regenmacher (chemische Behandlung von Wolken)
- Verdursten
- Erfrischender Guß
- Schöner Landregen
- Dürre Zeit
  usw.

B). In einem nächsten Schritt ordnet man die Einfälle: Alle negativ empfundenen Formulierungen werden rot, alle positiv empfundenen blau unterstrichen.

Bei zwei notierten Begriffen entsteht eine Diskussion: Die Aspekte *Austrocknen* und *Dürre Zeit* im Leben weisen auf mehrfache Sinnschichten hin. Das bezieht sich nicht nur auf den Naturbereich, sondern auch auf menschliche Erfahrungen, auf seelisches Erleben.

Man redet darüber, daß es in der Tat in bestimmten Lebensphasen „dürre Zeit" geben kann, auch in einer Partnerschaft, in einer Liebe, in einer Gemeinschaft. Eine Erzieherin formuliert dann: „Und es wird auch sehr unterschiedlich sein, was der einzelne von uns in einer solchen seelischen Situation als ‚warmen Regen' oder ‚Erfrischung' empfindet.

Eine andere Gesprächsteilnehmerin weist darauf hin, daß für die Sprach- und Verstehensebene des Erwachsenen auch ein Wort wie „Wolke" schon sehr verschiedenen Ausdruckswert haben kann, mancher setzt es mit Sorge gleich, wenn ‚Wolken aufziehen', ein anderer empfindet das nicht so. Einig war man sich in der Übertragung des Begriffes ‚Gewitter' auf menschliches Zusammenleben: ‚Ein Gewitter (lebhaft ausgetragener Streit) kann die Atmosphäre reinigen!'

Den größten Teil der Zeit aber widmete die Gruppe der Übertragung des Bildwortes ‚Wüste' auf das menschliche Leben. Man meinte, vielleicht handelt es sich um Zeiten bedrohlichen inneren Austrocknens. Einer sagte: ‚Wenn man in seinem ganzen Leben, Handeln und Denken in Klischees erstarrt ist, wenn alles immer im Schema abläuft, das muß für den Partner wie Wüste sein.' Andere meinten: ‚Mit Wüste kann eine Zeit ohne Freude, ohne Hoffnung, ohne Verstehen gemeint sein, ohne Ideen, ohne Frische. Dann kann eben eine ganz neue Erfahrung, ein Erlebnis wie ein erfrischender Regen das eigene Empfinden aufblühen lassen."

II. In der 2. Strophe des Wolken-Liedes wird die Sonne angeredet. Sie kann große Verwandlungen bewirken (vgl. auch Kap. 2, 6 und 14):

Text: W. Willms *Melodie: P. Janssens

Für die Entfaltungsschritte mit Kindern empfiehlt sich, zunächst nur die Natur-Erfahrungen dieser Verse zu berücksichtigen.

D. Übungen mit Kindern

I. Aus der großen Spielsandkiste füllen wir hellen, trockenen Sand in eine flache Obstkiste. Wir stellen sie mitten in die Sonne und lassen etwas hineinsäen. Gewiß werden dabei schon die ersten Kinderreaktionen kommen, wie „In dem weißen Sand und ohne Wasser soll etwas wachsen?" Es könnte sein, daß die Kinder auch vorschlagen, die Kiste aus der heißen Sonne mehr in den Schatten zu tragen. Aber mit dem Argument, daß man bald auf eine Regenwolke hoffe, ließe sich der Versuch vielleicht noch eine Zeit rechtfertigen und verlängern. Bestimmt ist das Experiment Auslöser für allerlei Gespräche.

II. Unsere Kiste bekommt vielleicht den Namen „*Kleine Wüste*", und wir gestalten dazu aus wertlosem Material, das wir etwas anmalen, ein paar karge Palmen und Kamele. Man muß sich im Gegensatz zur Situation vor etwa 10 Jahren darüber klar sein, daß jedes zweite Kind von Film und Fernsehen her tatsächlich über Vorstellungen von einer Wüste verfügt. Die Lernvoraussetzungen haben sich stark verändert. Hier können wir nun unsere Informationen anschließen, daß ein längerer Regen in der Wüste tatsächlich für kurze Zeit aus dem Sand überraschend viel Grünes und Blühendes hervorkommen läßt, ganz im Gegenteil zu unserer kleinen Sandkistenwüste mit ihrem „gereinigten" Sand.
In unserer kleinen Kistenwüste spielen wir nun Karawane.

III. Jetzt könnte man die obige Liedstrophe 1 einführen. Die Formen einer Wolke stellen wir uns vor und malen ihre Umrisse beim Singen in die Luft, natürlich auch die Wüstenlandschaft darunter. Für das Aufgehen von kleinen Blumen werden die Kinder Handbewegungen erfinden. Wichtig ist aber, daß in langsamem Tempo gesungen wird und daß die sich im Ausdruck (in der Bitte) intensiv steigernde Melodie nachempfunden wird.
Wenn wir Worte wiederholen, bedeutet dies auch (vor allem in einer Bitte) eine Steigerung der Intensität. Dies wird hier melodisch auch noch verstärkt. Man tut gut daran, einige Tage hindurch bei allen thematischen Gesprächen und Aktionen das Lied als „roten Faden" immer wiederholen zu lassen. Haben sich die Kinder mit all ihren Phantasie- und Vorstellungskräften gut in das Thema „Wüste" hineingefunden, so empfiehlt sich auch, vor dem Singen mit Worten eine gesummte Melodiestrophe vorzuschalten. Mit geschlossenen Augen könnte man dann „imaginieren": Wüstenlandschaft und endlich eine Wolke am Himmel ...

IV. Die Wüstenthematik kann auch mit einer rhythmisch-musikalischen Tücherübung ausgeweitet und vertieft werden. Dünne, bräunliche Tücher werden einigermaßen stramm am Boden ausgebreitet. Alle Kinder fassen an den Seiten an. Jetzt wird ein kleiner schlagender Wellenimpuls gegeben: danach hält man das Tuch wieder still und bestaunt, wie dieser Bewegungsimpuls, der von einer Seite ausging, in Wellen über das ganze Tuch läuft. So ähnlich formt der Wüstenwind den Sand (manche Kinder kennen solche Sandzeichnungen von Strandflächen).

Ehe der Regen beginnt, zieht oft ein Wind auf. So kann dieses Spiel mit dem obigen Lied zusammengekoppelt werden. Die Kinder werden auch entdecken, welche besonderen Geräusche es macht, mit dem Tuch beim „Sandspiel" Bewegungen zu machen. Natürlich wird der Wind mit dem Mund noch zusätzlich imitiert.

Fortsetzungsimpuls ohne Tücher: Wie könnten wir in unserer Kiste, genannt „kleine Wüste", ein wenig Sandsturm spielen? Diese und die vorigen Übungen führen vielleich zu Folgestrophen des Peter-Janssens-Liedes:

Text: W. Willms * Melodie: P. Janssens

Wind dreh', Wind dreh' unsre Mühlen. Du sollst, du sollst, du sollst trocknen, kühlen. Wind dreh', Wind dreh' unsre Mühlen. Du sollst, du sollst, du sollst trocknen, kühlen.

Weitere Übungen für Erwachsene

Auch diese Strophe kann zunächst wieder die Erwachsenenphantasie beschäftigen.

I. Da wir alles Erlebte in Bildern in uns tragen, können wir – am besten mit geschlossenen Augen – uns auch an besonders eindrücklich erlebte Naturvorgänge erinnern: Wann haben wir einmal Wind auf besonders eindrückliche Weise erlebt? – Wir können mit unserer Vorstellungskraft, mit unserer inneren Bildkraft dies für einen Augenblick aus der Erinnerung hervorholen.

II. Öffnet man nach ein bis zwei Minuten wieder die Augen, kann man einander gewiß von der einen oder anderen Winderfahrung erzählen, die in der Erinnerung wieder lebendig geworden ist. Es kann sein, daß die inneren Bild- und Vorstellungskräfte eine Erinnerungsszene so deutlich erstehen lassen, daß wir tatsächlich auch glauben, den Klang des Windes von damals zu hören, ihn wieder zu spüren. Wahrscheinlich werden sehr gegensätzliche Winderfahrungen zusammengetragen, wilde, bedrohliche Windszenen und sanfte, kühlende. Möglicherweise erinnert sich jemand in diesem Zusammenhang auch an eine plötzliche Windstille, eine Flaute, wie die Segler dazu sagen. Festlandsbewohner und Binnenlandmenschen finden absolute Windstille unter Umständen sehr schön, für den Segler ist die Erfahrung einer plötzlichen Flaute dagegen zuweilen unheimlich, ja, gespenstisch. Sie kann geradezu hilflos machen, in den Strömungen treibt man ab ...

III. In einem kleinen Geschwindigkeitsschreibspiel (jeder schreibt etwas auf im Telegrammstil) notiert man, was der Wind alles bewirken kann: Staub aufwirbeln, trocknen usw. Wer zwölf verschiedene Windwirkungen aufgeschrieben hat, ruft *Stop*. In der Regel staunt man, wieviel Verschiedenes einem in kurzer Zeit zu diesem Thema einfällt. Es schadet nichts, wenn dann beim Vorlesen dieses „Ideensturmes" einige Dinge doppelt vorkommen.

In einem Erzieherspiel wurde z. B. notiert: Kühlt, trocknet, bläst, bremst, treibt Sand, bewegt Windmühlen, bläht ein Segel, dreht eine Wetterfahne, macht Musik, läßt den Drachen steigen, bewegt den Ballon, gibt als Rückenwind dem Radfahrer Erleichterung, erschwert als Gegenwind meinen Weg, bewegt ein Windrad (Wasserpumpe oder Dynamo).

IV. In zwei Kleingruppen könnte ein Kindergartenteam sich einmal wörtlich genommene Redensarten von Wind, Sturm, Luft und Atem aufmalen, damit man nachher daraus ein Ratespiel machen kann, wenn man sich etwa nach 20 Minuten wiedertrifft. Sehr lustige Bilder entstehen, will man wörtlich aufmalen: „Nimm mir nicht den Wind aus den Segeln", oder: „Aus der Sache ist die Luft raus", bzw. „Hier muß endlich wieder frischer Wind rein", oder: „Sturm im Wasserglas", „Wer Wind sät, wird Sturm ernten", usw. Ein solches Erwachsenen-Malspiel zeigt spätestens bei der Gesprächsauswertung, daß wir im Bild des Windes sehr verschiedene seelische und geistige Situationen beschreiben. Schließlich haben wir alle noch eine Urahnung, daß Wind gleichsam Lebensatem ist. Wir sagen, daß ein Sterbender den letzten Atemzug tut, sein Leben aushaucht.[1]

---

[1] Wer hier vertiefend weiterarbeiten möchte, sei auch auf das Kapitel *Wind* im 2. Band „Spielbuch Religion" (Verlage Benziger und E. Kaufmann) verwiesen, sowie auf die im Christophorus-Verlag erschienenen Spielmappe „Pfingsten", in deren didaktischen Beiheft auch Verklanglichungsspiele eines Kinderposters vom Wind beschrieben sind.

Religiös-biblische Dimension

Im 1. Buch Mose ist zu lesen, daß Gott dem Menschen Lebensatem einhaucht und daß der Schöpfergeist Gottes über den Wassern des Urmeeres „weht".

Interessanterweise wird im Griechischen „Wind" und „Geist" mit dem gleichen Wort beschrieben (pneuma).

Wenn zu Pfingsten die Apostel be-geistert werden, d. h. die Kraft des Heiligen Geistes empfangen, dann wird das u. a. im Bild des Windes beschrieben. In der Tat sind sie danach mutig, und „es treibt" sie, auf den Straßen Jerusalems ihre Botschaft auszurichten. Dort entsteht nun auch ein Begeisterungssturm.

Wer hier vertiefend weiterarbeiten möchte, der lese Apostelgeschichte, Kap. 2.

Übungen mit Kindern

Nicht etwa nur im Herbst, nein, das ganze Jahr über kann man Entdeckungen am Element „Wind" machen, vor allem auch in Frühling und Sommer.

I. Wir entdecken, daß bewegte Luft Wind ist, indem wir mit einem Stück Pappe vor unserem Ohr wedeln.

II. Mit einem angefeuchteten Finger stellen wir draußen fest, aus welcher Richtung der Wind kommt. Nun lassen wir in diese Richtung etwas vom Wind abtreiben: Pusteblumen, Seifenblasen oder einen kleinen Ballon.

III. Wir reden darüber, daß wir den Wind nicht sehen, aber seine Kraft spüren können. (So manches ist nicht mit unseren Augen zu sehen, aber es ist doch da. Ob man Beispiele findet?)

IV. Wir lassen den Wind „Musik machen": Wir stellen oder hängen Metallröhren auf, in die er hineinblasen bzw. darüber hinwegblasen kann, oder wir hängen sogenannte „Windspiele" auf (Metallplättchen oder klingende Holzteile schlagen dort im Wind aneinander).

V. Wir malen ein großes Gemeinschaftsbild: Was der Wind so alles schafft. Anschließend verklanglichen wir Teile unseres Bildes. Unterschiedliche Windstärken kann man über ein Kassettenrekordermikrophon imitieren, aber auch das einfache Blasen mit dem Mund (ohne Mikrophonaufnahmen) oder das Blasen in unterschiedliche Gefäße ergibt reizvolle Windklänge.

VI. Zur Melodie von Peter Janssens erfinden wir Bewegungen, die zu der Strophe „Wind dreh', Wind dreh' unsere Mühlen, du sollst, du sollst, du sollst trocknen, kühlen" passen. Mühlenflügelbewegungen kann jedes Kind einzeln ausführen, aber es kann sich dazu auch eine kleine Gruppe zusammentun. Das kühlende Wehen ist sicher leicht mit fließend, wehenden Handbewegungen zu imitieren. In jedem Fall aber hüte sich der Erzieher, zu früh den Kindern seine eigenen Vorschläge zu unterbreiten. Die Kinderphantasie braucht Freiraum, freilich aber auch etwas Zeit – eben Muße zum Erfinden.

VII. Wer mehrere Gedichtsstrophen von der Kraft des Windes gestalten will und dabei gerade auch für die Kleineren einen Kehrreim bevorzugt, könnte mit folgenden Zeilen arbeiten und Bewegungen dazu erfinden lassen:

1. Wind, der das Kornfeld wiegt,
   Wind, der die Zweige biegt
Refr.: Wind, der so vieles schafft, welch eine Kraft!

2. Wind, der das Windrad dreht,
   kühlend am Strande weht.
Refr.: Wind, der so vieles schafft, welch eine Kraft!

3. Wind, der das Segel bläht,
   Pusteblumen-Samen sät.

Refr.: Wind, der so vieles schafft, welch eine Kraft!

4. Wind, der ums Zelt nachts singt,
   bald and'res Wetter bringt.

Refr.: Wind, der so vieles schafft, welch eine Kraft!

5. Wind, der die Wellen jagt,
   Sturm, der an Dünen nagt.

Refr.: Wind, der so vieles schafft, welch eine Kraft!

Hinweis: Wer etwa zum Pfingstfest die religiöse Dimension in Zusammenhang mit dem Bildwort „Wind" weiter mit Kindern entdecken möchte, der findet dazu im Beiheft der in Anmerkung 1 genannten katechetischen Spielmappe viele religionspädagogische Werkstatthilfen.

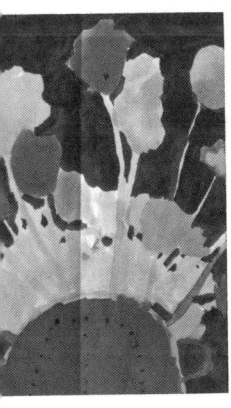

14. Von Sonne und Segen

A. Zur Einstimmung

Frühere Generationen sprachen – mit Gespür für den Sinn des Beschenkt-Werdens – vom „Erntesegen" und „Kindersegen". Manche Leute gebrauchen auch heute noch die Sprachwendung vom „gesegneten Alter", wenn jemand ein hohes Alter erreicht und auf ein erfülltes, reiches Leben zurückblicken kann. Mit „Segen" ist das Gegenteil von Mangel und Kargheit gemeint, nämlich Fülle, Lebensfülle, Tiefe der Erfahrung, aber auch ein Ja zum Weg und zu allem Bemühen. Darum baten junge Paare früher die Eltern um den Segen zu ihrer Hochzeit.

Erlebt man, wie Sonnenstrahlen ein Feld, einen Garten, einen Weg „überfluten", dann ist wohl auch heute noch für viele Menschen erahnbar, daß es so manches gibt, was unverfügbar ist. Wir können es nicht „machen", aber es beschenkt uns, überstrahlt und durchdringt alles. Wenn uns Liebe und Glück begegnen, reden wir oft im übertragenen Sinn von „Sonnenschein" und gebrauchen dies auch als Kosewort etwa für ein Kind. Viele Menschen erleben die Frühlingssonne besonders intensiv, nicht wenigen spüren in ihr ein Hoffnungssymbol: Der Winter ist besiegt, nun erwacht neues Leben. Nach den Wintertagen empfindet man jeden Sonnenstrahl als Segen.

B. Religiös-biblische Dimension

Aber auch mit dem Geschehen von Ostern wird die Sonne in Zusammenhang gebracht. Bei Sonnenaufgang machten die Frauen am Grabe Jesu eine Erfahrung, die ihr bisheriges Denken und Fühlen überstieg. Jeder Sonntag will für Christen die Erinnerung an den Ostermorgen sein. Im Licht der Sonne dieses Tages wurde die Nachricht der Auferstehung weitergesagt. Für die Jünger und Freunde Jesu hatten sich Dunkelheit und Trauer in Helligkeit und Freude verwandelt.

Noch heute gibt es Christuslieder, die ihn als Ostersonne besingen. Diese bildhaften Übertragungen tauchen aber nicht erst im Neuen Testament auf, nein, auch schon im AltenTestament gibt es hymnische Lobgesänge (z. B. im Psalter), die die Kraft Gottes mit einer Sonne vergleichen. Schließlich wird die Sonne natürlich auch in religiösen Liedern zur Erntezeit besungen: Durch Sonne, Tau und Regen segnet Gott die Felder.

C. Übungen für Erwachsene

I. Man male mit Fingerfarben einzeln oder in kleinen Gruppen großflächige Bilder: Welt ohne Sonne – Welt voller Sonne. Vielleicht hat man in den letzten Teamsitzungen so viel geredet, daß ein non-verbales Tun einmal gut wäre.

Unter der obengenannten Aufgabenstellung entstehen meist zwei Kontrastbilder. Zum Bildteil: „Welt ohne Sonne", gehört schon allerlei Phantasieanstrengung. Wird es ein Bild einer vereisten, leblosen Welt oder eines mit viel Finsternis?

II. Die erste Übung etwas abgewandelt, könnte das Thema eines zweigeteilten Gemeinschaftsbildes auch heißen: „Wenn zuviel Sonne, wenn zuwenig Sonne kommt." Vielleicht entstehen dann Wüsten, verdorrte Landschaften, ausgetrocknete Brunnen, durstende oder verdurstende Kreaturen ...

In Auswertungsgesprächen und Interpretationsversuchen des Gemalten wird bald herauskommen, wie wir letztlich die Bewohnbarkeit, das Leben und alle Vegetationsformen auf der Erde der Sonne verdanken. Vielleicht erkennt man auch rasch die Ambivalenz der Kraft der Sonne; denn bei allem Guten, Lebenswirkenden kann sie auch zerstören. Nach einem Sommer mit ausgeglichenem Maß von Sonne und Regen bringt man gute Ernte ein und redet vielleicht von Erntesegen.

III. In einer Erziehergesprächsrunde könnte man auch über die Zusammenhänge von „Sonnenerfahrungen und unsere seelische Befindlichkeit" sprechen. Zum einen hat Sonnenschein auf unsere Stimmung seinen Einfluß, zum anderen aber kann es durchaus geschehen, daß zwei Menschen den Sonnenschein ein- und desselben Tages sehr unterschiedlich empfinden. Einem Trauernden kann Sonnenschein oft inneren Schmerz bereiten.

Praxisbericht: „Es war während eines Fortbildungsseminars zum Thema: ‚Mit Kindern und Erwachsenen Ostern feiern', als man auf die seelischen Auswirkungen der Sonne auf uns zu sprechen kam:

– ‚Sobald die Sonne scheint, fühlen wir uns alle besser ...'
– ‚Vor allem nach regenreichen Wochen beschwingt uns die Sonne geradezu ...'
– ‚Strahlende Sonne kann uns aber auch geradezu wehtun, wenn wir in Schmerz und Trauer sind ...'

Die Seminarteilnehmer beschlossen, den Kontrast: ‚Was uns traurig macht – was uns fröhlich macht', auf eine leuchtende und eine dunkle Sonne zu schreiben. Auch Strahlen, zum einen in hellem Gelb und zum anderen in tristem Grau, schnitt man aus und beschriftete sie. Dann wurden die beiden Kontrastsonnen aufeinandergeklebt, so daß das Ganze eine helle und eine dunkle Seite hatte. Auch jeder Strahl hatte zwei Kontrastseiten. ‚Weil Dunkles, Deprimierendes auch ausstrahlen kann', so begründete es eine Teilnehmerin.

Dann wurde die große, gebastelte Sonne auf den Boden gelegt: Zuerst alles Dunkle, Graue nach oben. Die Teilnehmer scharten sich drum herum. Zu den Klängen zweier dunkler Orff-Pauken las man nacheinander vor: Was kann einen Tag für uns dunkel machen?

– Wenn eine Unfallnachricht kommt,
– wenn eine Todesnachricht kommt,
– wenn ein schöner Plan zerbricht,
– wenn man eine Hoffnung begraben muß,
– wenn man verzweifelt ist und versagt hat,
– wenn man hilflos ist und nicht weiter weiß,
– wenn man sich grenzenlos verlassen vorkommt,
  usw.

Als alles verlesen war, hob man, noch immer zu leisen, dunklen Paukentönen, die schwarze Sonne auf und trug sie langsam schreitend herum, jeder faßte an einem dunklen Strahl an.

Beim Hoch- und Höherheben aber geschah es: Helles wurde sichtbar. Helle Zimbeltöne der Fortbildnerin lockten die Sonne umzudrehen, nun sah man die leuchtende Farbe und las vor, was auf den hellen Strahlen, was auf der leuchtenden Seite aufgeschrieben war: Was kann einen Tag plötzlich hell machen und verwandeln?

– Wenn eine gute Nachricht kommt,
– wenn eine Versöhnung gelingt,
– wenn man spürt, die Genesung schreitet voran,
– wenn man spürt, neue Kraft strömt einem zu,
– wenn man Liebe empfängt,
– wenn man Liebe verschenken kann,
– wenn ein langersehnter Brief kommt,
– wenn endlich wieder die Sonne scheint,
usw.

Es ist fast überflüssig, zu erwähnen, daß man am Ende mit der Sonne herumtanzte. Dann gab es kleine Gesprächsrunden, wieweit solche Kontrasterfahrungen von den einzelnen schon einmal gemacht worden sind. So manches persönliche Beispiel klang da auf, einiges in unerwarteter Offenheit bekannt.

Fazit: Unser Empfinden von Sonne und unsere seelische Verfassung stehen oft in engem Zusammenhang. Es kann sich in großem Kummer ereignen, daß sich für uns ‚die Sonne gleichsam verdunkelt‘ und im anderen Fall für uns nach dunkler Wegstrecke etwas wie ein alles verwandelnder Sonnenschein erlebt wird.

Die Seminarteilnehmer konnten anschließend in Textauszügen aus dem Neuen Testament erkennen, daß in der Spannung des Passions- und Ostergeschehens auch das Sonnenmotiv eine Rolle spielt. Am Karfreitag wird beschrieben, wie die Sonne ihren Schein verlor und sich verdunkelte. Mußten sich die traurigen Freunde Jesu nun nicht verlassen fühlen? Jesus war nicht mehr bei ihnen, er war tot. Alles war aus und hoffnungslos. Dann aber kam eine andere Erfahrung, die Nachricht am Ostermorgen. Bei Sonnenaufgang gingen einige Frauen zum Grab und hörten es: ‚Er ist nicht bei den Toten, er ist auferstanden, sucht ihn unter den Lebendigen!‘ Diese Nachricht im Licht der Ostersonne verwandelte alles. Wie ein Lauffeuer wurde diese unfaßbare Nachricht weitergetragen.

Die Teilnehmer tauschten nun Erfahrungen aus, ob es in unserem Erleben auch etwas geben könne wie ein ‚Auferstehen‘. Einige bejahten es. Begrabene Hoffnungen können auferstehen, eine totgeglaubte Liebe kann auferstehen und neu lebendig werden. Ein Todkranker, der seine Krise überwindet und gesund wird, empfindet das wie ein Auferstehen. ‚Eigentlich war ich schon ohne Hoffnung und wie tot‘, sagte eine Teilnehmerin, die von ihrer überwundenen Krebserkrankung berichtete. ‚Jetzt bin ich wie auferstanden, lebe neu, sehe vieles ganz anders', sagte sie. Im nächsten Gesprächsgang ging es darum, wie alles tot sein kann, obschon es so dahinvegetiert. Zum Leben durchdringen, auferstehen, hat viele Perspektiven, und die Gespräche gingen bis in die Nacht. Am anderen Tag plante eine Gruppe, das Spiel der dunklen und hellen Sonne für Hortkinder umzusetzen, und eine andere wollte für kleinere Kinder die österliche Sonnenmotivik mit folgendem Spiel- und Bewegungslied erarbeiten:

Text und Melodie: Wolfgang Longardt

1. Dunkel soll es nun nicht bleiben. Zweige, Blumen sollen treiben, Traurigkeit, die soll nun enden; Gott kann allen Kummer wenden! Gottes Sonne geht nun auf! Oster - Sonne nimmt ihren Lauf! Halleluja, halleluja, halleluja, Gott sei Dank! Gott sei Dank!

2. Dort wo Tod und Grab uns schrecken,
kann Gott retten, auferwecken,
wandelt Tod in neues Leben,
will uns allen Hoffnung geben: Gottes Sonne …

D. Übungen mit Kindern

I. Natürlich kann man auch Kindern das Malspiel „Zuviel Sonne, zuwenig Sonne" als Aufgabe anbieten. Nach intensiven Spaziergangsbeobachtungen und Gesprächen, vielleicht auch nach manchen Versuchen mit selbstgezogenen, kleinen Pflanzen haben die Kinder genügend Ideen zur Gestaltung solcher Bilder.

Etwas anders liegt es bei der Aufgabenstellung „Welt ohne Sonne, Welt voller Sonne" zu malen. Es braucht schon einige Information, vielleicht auch gelenkter Phantasieübungen („ich krieg nie einen Sonnenstrahl, ich bin immer im Dunkeln" u. ä.), damit beide Thementeile vielleicht auch in großen Fingerfarbenbildern entstehen können.

II. Wer eine Malmüdigkeit bei den Kindern beobachtet, lasse mit vorher angefeuchteten Wollfäden auf einfarbigen Wolldecken Bilder legen. Bei Wollfadenlegebildern kann man immer wieder verändern, schieben, wegnehmen! Für Gemeinschaftsarbeiten ist das ebenso wichtig wie für Kinder, die beim Sich-Ausdrücken im Malen und Zeichnen Schwierigkeiten haben.[1]

III. Die gegensätzlichen Bilder lassen sich auch leicht „verklanglichen": Eine Landschaft, in der alles erfroren ist und in der viel Finsternis über allem liegt, braucht andere Klangfarben als eine bunte, sonnendurchflutete. Eine Landschaft verdorrter Pflanzen braucht andere Melodien als eine mit ganz wenig Sonne. Für Frost und Kälte wählen Kinder, wenn man ihnen Zeit läßt, häufig hohe, metallene Klänge der Orff-Instrumente. Z. B. entdecken sie – wenn man das freie Hantieren und Montieren mit Glockenspielen und Metallophonen ermöglicht –, wie man zwei Metallplättchen in den Händen aneinanderschlagen kann und welch kaltes, kurzes Klirren dann entsteht. Von Jahr zu Jahr finden Kinder neue klangliche Ausdrucksmöglichkeiten und fühlen sich noch besser beispielsweise in eine dürstende Pflanze ein. Wie klagend, wie müde, wie abwärts gerichtet muß eine Melodie ausfallen, die einer Blume mit hängenden Blättern und hängender Blüte entspricht? Eine aufgehende Sonne wird häufig mit aufsteigenden Melodielinien dargestellt, die warmen Strahlen mit Harmonien (Terzen und Dreiklängen).

Praxisbericht 1: Eine Erzieherin aus einem Kindergarten am Stadtrand Hamburgs berichtet:

---

[1] Zur Methodik des Wollfadenbildes siehe in W. Longardt: Spielbuch Religion, Band 1 und 2, Benziger Verlag und Verlag E. Kaufmann.

„Um Ostern herum hatten wir viel über leise Verwandlungen ge-
sprochen und das Treiben der Knospen und Aufgehen der ersten Blüte beobachtet. ‚Und die Sonne ist auch ganz leise‘,
sagte eines Tages ein fünfjähriges Mädchen, ‚aber was sie
schafft, sag' ich dir!‘
Von dem, was die Sonne alles schafft, malten wir große Bilder. Kinder, die im letzten Frühling und Sommer schon bei uns
waren, als wir intensiv die Natur beobachtet hatten, waren so
etwas wie die ‚Motoren‘ in den Kleingruppen. Sie sorgten auch
für die meisten Details, so auch für eine Darstellung der Verwandlung einer Raupe zum Schmetterling. Ja, weil sie nun
schon tiefer in unser Thema eingedrungen waren, dauerte es
gar nicht lange, bis einer aus diesem älteren Jahrgang sagte:
‚Aber weißt du, zuviel Sonne ist ganz schön schlimm.‘ Es war
ein sonst im Grunde recht stilles Mädchen, das darum rechts
außen an den Bildrand unseres Gemeinschaftswerkes einige
verdorrte, verdurstete Blumen malte. Als die anderen sich über
diesen Bildteil wunderten, alles sonst war so harmonisch und
fröhlich auf dem Bild, sagte sie: ‚Keiner hat gehört, immer hat
sie leise gerufen, gießt mich mal. Es regnet nicht, gießt mich
mal. Aber die gingen alle immer zum Baden. Jetzt sieht sie so
aus.‘
Das gab natürlich Anknüpfungspunkte für unsere nächsten
Kreisgespräche: Was noch alles nötig ist, wenn Blumen und
Pflanzen gut gedeihen sollen. Daß zuviel Sonne auch zum Hitz-
schlag führen kann und zu Sonnenbrand, daß Tier und Menschen in Afrika verdursten, das alles trugen die Kinder nun
zusammen, aber den Anstoß hatte jener Bildteil gegeben mit
ein, zwei schon fast vertrockneten Blumen."

Praxisbericht 2: „Ich erzählte den Kindern eines Tages eine
selbsterfundene Geschichte: Die Sonne und das Wasser hatten
einen Streit ...

– ‚Ich bin stärker als ihr Wassertropfen‘, sagte die Sonne.
– ‚Stimmt nicht, du bist nur *eine* Sonne, und wir sind *viele* Tropfen‘, rief es aus dem Wasser.
– ‚Ich kann so stark scheinen, daß ihr klein werdet, verdunstet,
   vertrocknet!‘
– ‚Das schaffst du nie, wir sind nämlich ein großer See und sehr
   tief!‘
– ‚Jetzt im Sommer strenge ich mich jeden Tag viele Stunden
   an, da werdet ihr sehen, was passiert.‘
– ‚Jeden Abend mußt du doch aufhören, uns zu bescheinen,
   wenn es Nacht wird oder wenn Regenwolken kommen.‘
– ‚Es kommen aber vorläufig keine Regenwolken, der See wird
   kleiner, hoho!‘

- ‚Gerade, wenn du so heiß scheinst, kommt bald ein Gewitter-regen, dann fallen viele neue Tropfen zu uns herunter.‘
- ‚Ich bin so stark, ich mache euch immer wärmer, da könnt ihr gar nichts dagegen tun.‘
- ‚Unten, tief im See, bleibt es kühl, so stark bist du nicht.‘
- ‚Ich bin so stark, ich kann alle Blumen und Gräser am Seeufer vertrocknen lassen.‘
- ‚Nein, nein, dort fließt ein kleiner Bach, aus seiner Quelle kommt immer etwas frisches Wasser, und tief im Boden ist Grundwasser.‘
- ‚Wenn ich heiß scheine, sinkt das Grundwasser, paßt auf.‘
- ‚Aber die Tautropfen erfrischen jeden Morgen die Blumen und Gräser.‘
- ‚Stimmt, gegen die Tautropfen kann ich nichts machen, aber mit meinen Strahlen bin ich stark. Ich laß die Blumen wachsen und aufblühen.‘
- ‚Und wir Wassertropfen sind noch wichtiger, weil sonst alles vertrocknet und verdurstet …‘

Nachdem ich diese Streitgeschichte vorgelesen hatte, war noch Zeit, zum ersten Mal in diesem Jahr mit dem Wasser-schlauch im Garten ein Spritz- und Springspiel im Badezeug zu machen. Auch gab es wieder den Regenbogen-Farbeffekt im Sonnenlicht. Die Vorjahrskinder wußten das schon und begrüß-ten die Farben ‚wie alte Bekannte‘. So endete dieser Vormittag mit allerlei Entdeckungen und Erfahrungen an den Elementen Wasser und Sonne. Am anderen Tag erinnerten wir uns an die Streitgeschichte von der Sonne und den Wassertropfen. Eine Pappsonne besaßen wir noch vom letzten Sommerfest, auf eine andere Pappe malten wir rasch einen kleinen See, und schon ging das Spiel los. Die meisten Kinder wollten für die Sonne streiten, eine kleine Gruppe für die Wassertropfen. Neben man-chen Argumenten vom Vortag kamen spontan nun viele neue Gedanken der Kinder hinzu: Die Sonne macht das Wasser im See warm zum Baden, die Sonne macht den Sand am Ufer warm, trocknet die Badewäsche, das Wasser erfrischt, macht sauber usw. Am Schluß stand das Regenbogenbeispiel und die Bemerkung eines Kindes: ‚Ich weiß, beides ist wichtig, die Sonne und das Wasser auch‘. – ‚Ja, keiner muß angeben; ich bin am stärksten‘, ergänzte ein anderes Kind.“

Nachbemerkung: Eine Sozialpädagogin erzählte anläßlich eines Seminars über „Spielentdeckungen an der Sprache“, daß inner-halb einer thematischen Einheit „Sonne – Regen – Wind“, in der auch viel mit ganzheitlich-kreativen Mitteln gearbeitet worden war, morgens ein Junge bei der Begrüßung ganz nah an sie her-angekommen sei. Sie spürte, er wollte ihr etwas sagen, aber nur ihr allein. Sie ging mit ihm beiseite, dann sagte er sehr leise:

„Immer singen wir uns're Sonnenscheinlieder, na, und gestern
hat meine Mami zu mir gesagt: Ralfi, mein Sonnenschein! Das
war schön." Sie sagte: „Da hast du dich gefreut, nicht wahr?" Er
nickte, und ehe er springend davon zog, drehte er sich nochmals um und rief schelmisch: „Aber kein Sonnenschein für Son-
nenbrandkriegen, weißt du!"
Weil die Äußerung des Jungen doch wie ein kleines persönli-
ches Intimerlebnis war, verzichtete ich, obschon es mich
lockte, ein paar Tage später im Gruppenkreis davon zu reden,
daß wir manchmal auch, wenn wir Sonne sagen, Freude meinen
oder das Wort Sonnenschein als Kosewort benutzen. Sobald
wir aber in der Gruppe von Sonnenschein sangen, geschah es,
daß dieser Junge mir zublinzelte, so als wollte er sagen: „Du
weißt doch."
Sogar im zweiten Kindergartenjahr vergaß er das nicht, nein,
vielleicht freute er sich darum dann doppelt, als wir wieder an-
fingen, unsere Sonnenscheinlieder zu singen. In seiner gesamten Sprachentwicklung hatte er inzwischen Freude darn, daß
manche Worte „doppelt gebraucht werden". – Auch hier gilt,
eine Entdeckung, die sich mehr und mehr bekräftigt und die
sich über neue Erfahrungen vertieft, ist Beispiel für refrainartiges Lernen[1].

III. Das obige Lied: „Dunkel soll es nun nicht bleiben", gestalten
wir mit den Kindern als Kreisspiellied. Vielleicht kann es Bau-
stein für eine Osterfeier werden.

IV. Zu folgenden österlichen Strophen, auf die immer mit einem
gesungenen Kehrvers geantwortet wird, kann ein großer, bunter Fries gestaltet werden. In einer Osterfeier kann er nach und
nach entrollt werden, wenn zu jeder Strophe ein Bild entstanden ist.

Sprechtext:

     Ein Kind:
     1. Wie das Korn tief in die Erde sinkt,
        und verwandelt neue Frucht uns bringt ...

alle: ... ist das nicht verwunderlich,
        das was lebt, es wandelt sich.
        Jetzt wird der Kehrreim gesungen
        nach der Melodie auf S. 108.

---

[1] Siehe zum Begriff „refrainartiges Lernen" Kap. 1, Abs. 3.

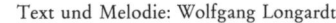

Text und Melodie: Wolfgang Longardt

Ost-ern will in die-sen Ta-gen uns die gu-te

Botschaft wieder sagen: große Freude, neu-es Le-ben,

das kann Gottes Kraft allein uns geben!

Sprechtext:
Ein Kind:
2. Aus der Raupe wird ein Schmetterling,
   heute wein' ich – ob ich morgen sing –?

alle: ... ist das nicht verwunderlich,
das was lebt, es wandelt sich:
(gesungener Kehrreim folgt)

Ein Kind:
3. War die Erde nicht so kalt und tot
   nun blüh'n Blumen, weiß und gelb und rot ...

alle: ... ist das nicht verwunderlich,
das was lebt, es wandelt sich:
(gesungener Kehrreim folgt)

Ein Kind:
4. Jesu Freunde waren so verzagt,
   eh von Ostern ihnen dann gesagt ...

alle: ... ist das nicht verwunderlich,
das was lebt, es wandelt sich:
(gesungener Kehrreim folgt)

Ein Kind:
5. Nun singt fröhlich man von Jesus Christ,
   der nicht tot und nicht vergessen ist ...

alle: ... ist das nicht verwunderlich,
das was lebt, es wandelt sich:
(gesungener Kehrreim folgt)

15. Von Funken und Feuer und Flamme

A. Zur Einstimmung

Feuer ist ein Grundelement unseres Lebens. Ohne Feuer, Licht und Wärme aber gäbe es nur Kälte und Finsternis. In alten mythologischen Vorstellungen senden Gottheiten mit ihren Schöpfungskräften das Feuer als Blitz auf die dunkle, kalte Erde. Es zündet in einem Baum. Zuweilen wird dieses Geschehen in Mythen und Märchen auf eine Insel verlegt, und Tiere holen das Feuer über das Wasser, damit es nun überall entzündet werden kann, wo man es auf dem großen Festland braucht. Prometheus gar stiehlt den Göttern das Feuer und wird dafür bestraft, als er es den Menschen bringt.

Feuer übt eine große Anziehungskraft aus. So manches Erlebnis von Feuer begleitet uns unser ganzes Leben.

Wir benutzen nicht selten Bildvorstellungen von Funke, Feuer und Flamme auch, um im übertragenen Sinn seelisch-geistige Erfahrungen zu beschreiben. In diesem Zusammenhang ist auch zu bedenken, daß wir zum Geburtstag ein Lebenslicht anzünden, und beim Sterbenden sagen, sein Leben „verlösche".

B. Religiös-biblische Dimension

An vielen Stellen der Bibel, im Alten Testament und im Neuen Testament, wird die Nähe und Heiligkeit Gottes im Bild des Feuers beschrieben. Der Prophet Joel beschreibt ein brennendes Rad, Mose erlebt den brennenden Dornbusch, einem anderen Propheten werden die Lippen „wie mit glühender Kohle gereinigt und geweiht". Zu Pfingsten wird das Kommen des Gottesgeistes im Bild von Feuer und Wind beschrieben. Beides steht ja auch nach unserem physikalischen Verständnis in engem Zusammenhang: Ohne Wind, ohne Luftzufuhr brennt keine Flamme. Das Pfingstwunder redet von der Be-geisterung der Apostel. Sie brennen darauf, auf der Straße von Jesus zu reden, sie sind Feuer und Flamme, und der Funke springt über. Tausende lassen sich taufen ...

Zum Gedenken an Johannes den Täufer feiern die Christen am 24. Juni den Johannestag. In vielen Gegenden entzündet man Johannes-Feuer ...

(Man bedenke auch hier Sprachweisen wie: „Für den anderen durchs Feuer gehen" u. ä. Johannes wurde zum Märtyrer und enthauptet. Aber die Sache Jesu wanderte wie ein Lauffeuer, breitete sich aus ...)

C. Übungen für Erwachsene

I. Als Imaginationsspiel erinnern wir uns an eine eindrückliche Feuer-Erfahrung, die sich uns so tief eingeprägt hat, daß wir sie nach einiger Konzentration mit geschlossenen Augen wieder als Bild in uns erstehen lassen können. Nach einigen Minuten erzählen wir uns von unseren Erinnerungsbildern. Ganz sicher werden sie im Charakter sehr unterschiedlich sein: Harmonische, stimmungsvolle Erinnerungsbilder (Lagerfeuer, Feuer am See, Kaminfeuer, Fackelfestzug, Johannesfeuer u. a.), aber auch Brandkatastrophen, Feuer zerbombter Städte u. ä. Schöne und schreckliche Bilder sind in uns aufbewahrt. Zuweilen ersteht nicht nur das Bild, sondern die Gesprächspartner erzählen einander auch, wir konkret ihre Erinnerungsszenen wieder erstanden sind, bis in Farben, Einzelheiten, Gerüche und Geräusche hinein.

II. In einem Stegreifspiel in zwei Gruppen entfalten wir „Lob und Klage über das Feuer". Eine Gruppe übernimmt es, viele positive Dinge zu nennen, die das Feuer vermag, die Gegengruppe nennt Negatives, Zerstörerisches. So könnte man sich den Spielbeginn vorstellen:

A)Wir loben die Kraft des Feuers, die Finsternis kann es erhellen.

B)Wir beklagen die Macht des Feuers, es kann verbrennen und alles in Schutt und Asche legen.

A)Wir loben die Kraft des Feuers, es kann schmelzen und läutern.

B)Wir beklagen die Macht des Feuers, es kann schmerzen und brennen.

A)Wir loben die Kraft des Feuers ...

B)Wir beklagen die Macht des Feuers ...

usw.

Wer diesen doppelten Charakter, diese gegensätzliche Wirkungsweise in den Blick bekommt, spricht von der „Ambivalenz" des Elementes, das heißt von seiner Doppelwertigkeit. Man erkennt vielleicht auch, daß dies ein Grundzug aller Schöpfungselemente ist: Auch die Kraft des Windes z.B. ist ambivalent, ebenfalls die des Wassers, der Sonne, usw.

III. Ein besonders schönes Erwachsenenspiel ist das wortwörtliche Malen von Redensarten und Sprichwörtern: Einem „feurigen Liebhaber" kommen die Flammen aus dem Körper, eine „brennend neugierige Nachbarin" steht an allen Sinnesorganen in Flammen, ein erschöpfter Sportler wird „angefeuert", und bei einem, der die Sache endlich begriffen hat, „funkt es im Kopf" usw. Aus allem wird deutlich, wie bildhaft unsere Sprache ist und wie über Vergleiche von Funken und Flammen geistige, seelische, emotionale Vorgänge plastisch umschrieben werden.

IV. Während eines Erzieherseminars, auf dem erarbeitet werden sollte, wie wichtig für eine thematische Entfaltung eines Naturphänomens, eines Festes, einer menschlichen Grund- oder Glaubenserfahrung die eigene persönliche Betroffenheit ist, wurde folgende symbolhafte Fackelgeschichte erzählt:

„Eine Gruppe von Teilnehmern einer Freizeit plant einen nächtlichen Gang um den verschneiten, gefrorenen See zur kleinen Kirche an der anderen Uferseite. Jeder erhält für den etwa halbstündigen Weg durch die Winternacht eine brennende Fackel. Durch das Dunkel macht man sich auf den Weg. Es ist ein schönes Bild, man stapft hintereinander durch den Schnee, der Zug zieht sich mehr und mehr auseinander, vorn läuft man sehr schnell. Ganz am Ende des Zuges geht ein Teilnehmer, der diesen winterlichen, stillen Gang mit der Fackel besonders genießt. Immer wieder schaut er auf den Zug der anderen vor ihm, dann auf den See, den Nachthimmel, auf die Spuren im Schnee, und er bleibt mehr und mehr zurück. Da merkt er, daß seine Fackel sehr schnell abzubrennen scheint, der Weg aber ist noch weit, er erschrickt. Er läuft schneller, er will Anschluß an die anderen gewinnen. Seine Fackel ist nun schon zur Hälfte abgebrannt. So etwas wie beklemmende Angst steigt in ihm auf. Wird er mit ausgebrannter Fackel ankommen und das letzte Stück im Dunkeln zurücklegen müssen? Fast im Laufschritt erreicht er den letzten im Zug vor ihm. Besorgniserregend klein ist seine Fackel jetzt. Aber das Ziel der nächtlichen Wanderung kommt näher. Er verspürt Erleichterung. Er ist ja nahe bei den anderen und ihren Fackeln, die hell brennen. Aber jetzt merkt er, seine Fackel ist am Verlöschen. Wieder spürt er eine Beklemmung, er denkt: Als einziger komme ich mit verloschener Fackel an. Da hilft ihm sein Vordermann, Der bleibt stehen, und an dessen Fackel entzündet sich seine eigene, kleine wieder etwas mehr. Sie gehen weiter, vor ihnen im Schnee der Zug der anderen, sie folgen ihnen. Noch zweimal droht die Fackel auszugehen, aber immer hilft die Fackel des anderen. Dann kommen sie an und stecken alle Fackeln zu einem Feuer in den Schnee. Still betrachten sie das Bild, langsam brennt alles herunter. Als sie in die Kirche gehen, hat jeder von ihnen eine sehr eindrückliche Erfahrung gemacht, ein Feuer durch die Nacht zu tragen, mit dem Feuer in der Hand den Weg zu finden – aber einer von ihnen, der, der als letzter ging, hat diese Sorge um seine fast ausgebrannte Fackel viele Monate hindurch nicht vergessen können ...

In einem Nachgespräch kommt man auf die verschiedenen Schichten dieser Erzählung, die auf eine wahre Begebenheit zurückgeht. Man versucht sich in den Wanderer mit der rasch verbrennenden Fackel zu versetzen. Man stellt sich das Bild vor, man versucht das Bild der Fackel zu übertragen: Es gibt ein Verbrennen, ein Ausbrennen im Leben, wie gut, daß neben der Gefahr des Verlöschens und Erkaltens auch die Möglichkeit besteht, wieder neu „zu entbrennen", neu „Feuer und Flamme zu werden".

D. Übungen mit Kindern

I. Bei sorgsamster Beachtung von Sicherheitsbestimmungen und Sicherheitsabstand entzünden wir auf einem großen Kuchenblech ein kleines Stück gepreßten Spiritus. Wir lassen die Kinder intensiv den ganzen Vorgang beobachten, vor allem auch die Farbgebung und die Form der kleinen Flämmchen bis hin zum Verlöschen. Nun beschreiben die Kinder, was sie gesehen haben, und bringen gewiß eigene Erfahrungen unterschiedlichen Gefühlswertes mit ein. Feuer ist lockend, setzt aber auch eine Grenze.

II. Wir versuchen Bewegungsgestaltungen: Wir sind kleine
Flammen. Vielleicht kann die Erzieherin auf einer Flöte kleine,
züngelnde, nach oben gerichtete Melodien improvisieren. Aber
dann soll es auch ein Verlöschen geben. Ob ein Spiel vom Wind
das Feuer neu entfacht?

III. Wenn die Beobachtungen (wie unter I. beschrieben) sehr intensiv waren, gelingen Feuermalereien in vielen Farben. Denn
Feuer ist nicht nur rot und gelb, wie oft gesagt wird, nein, es hat
nahezu alle Farben.

IV. Ob man zu einem besonderen Anlaß mit den Kindern und Eltern ein sommerliches Abendfeuer vorbereitet? Durch Singen
und Erzählen, durch möglichst konzentriertes Beobachten des
Feuers ergibt sich viel Gesprächsstoff für die nächsten Tage.
Möglicherweise folgt auch jetzt erst das kreative Nachgestalten
in Farben oder in Klebebildtechnik, denn ein Eindruck verlangt
nun nach Ausdrucksmöglichkeiten.
   Aber auch auf einem Kassettenrekorder können vertiefende
Erinnerungsspiele gemacht werden: Mit Zellophan, das vor
dem eingebauten Mikrophon knisternd hin- und herbewegt
wird, können Feuergeräusche wirklichkeitsnah imitiert werden.
Mit geschlossenen Augen lauscht man dann der improvisierten
Aufnahme, und das Feuererlebnis steht wieder als Bild vor dem
„inneren Auge". Aber natürlich kann auch völlig ohne Klänge
„imaginiert" werden, vor allem, wenn man solche Übungen zur
Stärkung der inneren Bildfähigkeit schon des öfteren durchge-
führt oder angeregt hat.

V. Im Rahmen rhythmisch-musikalischer Übungen könnte auch
mit farbigen Bändern sowie mit Hand-, Arm- und Körperbewe-
gungen das Brennen, Aufbrennen und Verlöschen nachgestaltet werden.

VI. Eine Gesprächsrunde über die Kraft des Feuers, über Nutzen und Gefahren dürfte auf keinen Fall fehlen.

VII. Ob man auch auf die Suche nach Geschichten geht, in denen Feuer-Erfahrungen, vielleicht besonders schöne, eine
wichtige Rolle spielen? Karawanen zünden sich nachts ein
Feuer an, auch wandernde Hirten. Und schließlich macht auch
Petrus, so wird uns von den Evangelisten berichtet, am Feuer
eine besondere Erfahrung, zuerst eine sehr schmerzliche, dann
aber wird ihm Vergebung zuteil ...

VIII. Das nachfolgende Gedicht hat sich in manchem norddeutschen Kindergarten bewährt. Man könnte dazu im Kreis allerlei
pantomimisch gestalten oder es Strophe für Strophe bebildern.

Refrain:
Feuer, das hat soviel Kraft,
denkt nur: Was das Feuer schafft.

1. Auf dem Feuer kann man braten,
kochen, bis es gut geraten.
(Refrain)

2. Fackeln uns im Dunkel führen,
Feuer wärmt uns, wenn wir frieren.
(Refrain)

3. Feuer, das schmilzt Gold und Schnee,
Vorsicht! Feuer, das tut weh!
(Refrain)

4. Wird das Feuer nicht bewacht,
ist so schnell ein Brand entfacht.
(Refrain)

5. Paßt gut auf! Wer's sieht, wer's riecht,
ob ein Feuer gar ausbricht.
(Refrain)

6. Doch „Johannes-Feuer"-Schein,
lädt uns froh zum Singen ein.
(Refrain)

7. Feuer knistert im Kamin,
mancher schaut verträumt dann hin.
(Refrain)

16. Sommerregen und Regenbogen

A. Zur Einstimmung

Welch eine Erfrischung bedeutet ein Sommerregen an einem warmen, sonnigen Tag, und welch ein wohl jeden faszinierendes Phänomen ist danach ein Regenbogen am Himmel. Selbst eine den gesamten Vorgang physikalisch erklärende Beschreibung (Lichtbrechung in Millionen Wassertropfen und Feuchtigkeitspartikeln) raubt einem Regenbogen nichts von seiner Schönheit und Besonderheit. Nur wenige Menschen sind schon so blind für Schöpfungsschönheiten oder so von ihrem reizüberfluteten Lebensstil abgestumpft, daß sie darüber nicht mehr staunen. In der Regel bleibt für Kinder, Jugendliche und Erwachsene jeder Regenbogen eine neue Einladung zum Staunen.

In unterschiedlichen Altersstufen wird er jedoch bald mehr als Naturwunder, bald als Symbol angesehen. Kinder sind dabei in ihrer oft genial-sprachschöpferischen Art dem zeichenhaften Ausdeuten besonders nah. Mit wachsender Sprachfähigkeit vermögen sie erstaunliche Spontan-Deutungen zu finden.

B. Religiös-biblische Dimension

Im Alten Testament gilt der Regenbogen als ein Bundeszeichen. Am Ende der Sintflut-Geschichte (man lese dazu

1. Mose, Kap. 8) steht der Regenbogen am Himmel. Gott
schließt mit Noah und den Seinen einen Bund. „Von nun
an sollen nicht aufhören Saat und Ernte, Frost und Hitze,
Sommer, Winter, Tag und Nacht."

Daß neben den bekannten Deutungen (Bogen = Zeichen der Verbundenheit und des Bundes) auch noch das
Tür- und Tor-Motiv hier spürbar wird, erkennt man auch
an der Art des Schlußteils der Arche-Erzählung: Nach
wochenlangem Dunkel und dem tobenden Chaos draußen um die Arche endet die Sintflut, die Arche setzt auf
auf einen Berg auf. Noah öffnet mit viel Mühe eine Luke.
Dies ist die erste Öffnung nach dem „Gefangen-Sein, aber
Bewahrt-Werden im Kastenschiff." Luft, Licht, Sonne
dringen durch diese „winzige Tür". Dann kommt endlich
der Tag, an dem die große Tür aufgebrochen wird. Es
öffnet sich ein Weg ins neue Leben. Aber in die Wolken ist
ein noch größerer Tor-Bogen gemalt: Der Regenbogen
als ein Zeichen, daß Gott gute, gnädige Zukunft öffnet,
sich mit den Menschen verbindet.

C. Übungen für Erwachsene

1. Wie kann man die Eigenschaften eines Regenbogens beschreiben? Worin liegen die Gründe für seine starke ästethi-
sche und emotionale Wirkung?

(In einem Erzieherseminar notierten die Teilnehmerinnen dazu:

– „Er ist zugleich gewaltig und auch zart."
– „Ein Regenbogen ist nicht anfaßbar und doch existiert er
real."
– „Ich kann ihn nicht festhalten: nach kurzer Zeit verschwindet
er wie so manches unbeschreiblich Zarte, Schöne im Leben."
– „Weil ein Regenbogen so leise kommt und dann plötzlich da
ist, groß und sich wölbend, darum berührt er so."

II. Immer wieder ist das Zeichen des Regenbogens symbolhaft
gedeutet worden. Welche eigenen Deutungen kommen bei längerer Betrachtung eines Regenbogendias in den Sinn?[1]

---

[1] Hinweis: Ein Dia dieses Bildes findet sich in der Mappe „Anvertrautes entdek-
ken", hrsg. von W. Longardt (Christophorus-Verlag und E. Kaufmann Verlag).

Aus einem Erzieherseminar (Gesprächsprotokollausschnitt):

- „Als ich klein war, bin ich manchmal losgelaufen und wollte zum Regenbogen hin, ich stellte mir vor, er sei wie eine Art bunte Himmelstür. Manchmal kommt mir wieder diese Deutung in den Kopf."
- „Als ich ein Schulkind war, da habe ich mir manchmal überlegt: Der Regenbogen muß nach unten weitergehen wie ein ganzer Kreis."
- „Ich habe, das weiß ich noch, als Kind wahnsinnig gern Regenbogenbilder gemalt und immer versucht, die Farbübergänge noch zarter zu machen. Wenn ich dann ganz unzufrieden mit meiner Malkunst war, sagte meine Großmutter: ‚Ja, laß nur, der liebe Gott hat einen tausendmal schöne-

ren Malkasten, wenn er den Regenbogen an den Himmel malt.' Dieser Großmuttersatz ist mir ganz tief im Gedächtnis."
– „Na, vor allem denke ich beim Regenbogen an den Schluß der Sintflutgeschichte. Da freute sich Noah über den Regenbogen. Das ist Zeichen des Bundes mit Gott, und jetzt soll das Säen und Ernten nicht mehr aufhören und keine Sintflut mehr sein."
– „Ein halber Ring als Zeichen eines Bundes oder eines Bündnisses, das finde ich, ist unvollkommen, eben wie eine halbe, noch offene Sache."
– „Weil zu einem Bund immer zwei gehören, ist das so offen, den anderen Bogen – symbolisch gemeint – müssen wir Menschen schlagen, so könnte man das vielleicht deuten."

Zusammenfassung: Dieser kleine Gesprächsausschnitt zeigt sehr unterschiedliche Deutungsversuche auf. Bezeichnend ist dabei, wie stark die Gesprächsteilnehmer sich beim Regenbogen an Kindheitserfahrungen erinnern. Die zeichenhafte Deutung reicht vom Tür- oder Torbogen über die Himmelsbrücke bis zum Bund oder Bundesring.

Der starke Kindheitsbezug kann nur ermuntern, Kindern von heute, die sonst so vielen lauten, aufdringlichen Phänomenen ausgesetzt sind, Erfahrungen mit bewußt erlebtem Sommerregen und anschließendem Regenbogen zu ermöglichen. Freilich wollen solche Erfahrungen vorbereitet sein, ganz gewiß auch durch eine Grundsensibilisierung für leise Dinge, für das Zarte, was sich dem Anfassen und Zugreifen entzieht.

D. Übungen mit Kindern

I. Im Gesprächskreis bedenken wir gemeinsam: Was ist alles wunderschön leise, was kommt und geht leise? – Wir kommen zu Beispielen wie Sonnenaufgang, Sonnenuntergang, Schatten, Wolken usw.

Kinder, die das zweite Jahr im Kindergarten erleben und schon in ihren sprachlichen Fähigkeiten gewachsen sind, führen zunächst das Gespräch an. Hat man das Glück eines warmen Sommers, so wird vielleicht die Beschreibung des Schattens emotional sehr positiv ausfallen. Der Schatten wandert leise, wie auch die Sonnenstrahlen. Ist es eine Zeitlang heiß und trocken, so wird das Erlebnis eines Sommerregens ganz besonders intensiv empfunden (siehe auch Kap. 13 mit Piet Janssens „Kinderwolkenlied", in dem die Wolke besungen wird, daß sie die Wüsten zum Blühen bringen möge). Je mehr Zeit man sich für eine solche Gesprächsrunde über leise kommende, sich wandelnde Dinge nimmt, desto größer wird die Wahrscheinlichkeit, daß auch jüngere Kinder mit sprachlich noch unbeholfenerer Ausdrucksweise Äußerungen wagen.

Hier ein Gesprächsausschnitt mit Kindern, die 4 Jahre, 5 und 6 Jahre alt sind:

- „Der Schatten kommt gekrochen."
- „Nein, der schleicht, der ist ein Schleicher, haha."
- „Aber der große Segelmast macht auch Schatten, schönen sogar."
- „Doch klappern tut das Segel, ist gar nicht leise."
- „Meine Hand kommt leise, macht dunkel am Auge."
- „Du, vorhin bei dem Sonnenuhr-Machen, hui, mit einmal war die Sonne weg. Das war 'ne dunkle Wolke. Die hat sich an die Sonne rangeschlichen."
- „Quatsch, ist geschwebt, ist sie."
- „Hat aber keinen Regen gemacht, schade."
- „Gießen wir nachher unsere Blumen."
- „Dann sind wir, dann sind wir die Wolke mit Regen, hm, da freu'n sich die Blumen."
- „Nicht immer ist das leise und mit einem Mal „sch" da regnet es. Einmal da war schon lange Donner vorher."
- „Ja, bei Gewitter und Blitz zisch, zisch, versteck ich mich."
- „Manchmal kommt eine Wolke leise und fängt an platsch-platsch ..."

An dieser Stelle wurden zwei Vierjährige aktiv: „Da sagt die Blume nanu" – „Nanu, du Regen, du."

Von den Ältesten der Gruppe kommt nun aber der Sprung: „Und wenn das alles ausgeregnet hat, kommt der Regenbogen", worauf sich gleich mehrere mit Gesprächsbeiträgen überschlagen: „Ja, einmal ...", „du, ich hab' mal ...", „Ein Regenbogen war bei mein' Opa ..." (Ende des Praxisprotokolls).[2]

II. Nach eigenen Erzählungen und dem Entstehen manchen Regenbogenbildes könnte Rolf Krenzers „Regenbogen-Lied" eingeführt werden, das sowohl in seiner schlichten, harmonischen Sprachform als auch in der dem Inhalt adäquaten Melodie allen anderen Regenbogenliedern deutschen Sprachraumes ohne Frage überlegen ist (siehe folgende Seite).

Einführungshilfe: Zum langsamen Vorsingen der ersten halben Liedzeile: „Ein bunter Regenbogen ..." zeichnet die Erzieherin einen Bogen in die Luft. Zu den Worten „... ist übers Land gezogen" kann gegenläufig der zweite Bogen dargestellt werden,

---

[2] Wer besonders phantasievolle Kinderdeutungen über den Regenbogen erfahren möchte, sei auf die im Christophorus-Verlag erschienene Hörfolge „Ein Fenster zum Himmel" (hrsg. von H. A. Gornik) verwiesen. Ein Kapitel ist darin überschrieben: „Am Himmel steht eine Brücke."

Text: Rolf Krenzer * Melodie: Hans-Werner Claasen

Ein bunter Regenbogen ist über's Land gezogen.

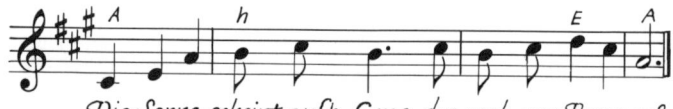

Die Sonne scheint auf's Gras, das noch vom Regen naß.

2. Ein bunter Regenbogen
ist übers Land gezogen.
Und alle bleiben steh'n,
um ihn sich anzuseh'n.

3. Ein bunter Regenbogen
ist übers Land gezogen,
damit ihr's alle wißt,
daß Gott uns nicht vergißt.

zum Text „... die Sonne scheint auf's Gras ..." folgt der dritte Bewegungsbogen und zu den Worten „... das noch vom Regen naß" kann dann ein vierter Bogen in die Luft gemalt werden.

Bestimmt fallen den Kindern auch Bewegungsmöglichkeiten zum nassen Gras ein (da stapft man wohl etwas vorsichtig hindurch, um sich die Füße nicht zu naß zu machen!), und die Sonne wollen sie bestimmt auch darstellen. So kommt, während man bald singt und bald summt, vielleicht ein Spiel mit verteilten Rollen zustande.

Zu Krenzers schöner „Legato"-Melodie (gebundene Töne!) passen langsam gleitende Bewegungen. Mit einiger Ruhe und langsamem Singe-Tempo können für jeden Melodiebogen harmonische Bewegungen gefunden werden.

Die zweite Strophe läßt die Vorstellung einer Szene von Spaziergängern wach werden, und dies ist gut nachspielbar:

Ein bunter Regenbogen
ist übers Land gezogen,
und alle bleiben steh'n,
um ihn sich anzuseh'n.

Neben Kindern, die wieder die Bogenformen des Regenbogens nachahmen sowie die Sonne darstellen, kommen nun Spaziergänger dazu, die plötzlich stehenbleiben und staunen. Die „Staunenden" können mit den Augen den vorgestellten Bogenformen folgen.

Der Schlußvers hat schließlich den Charakter von Lob und Freude, was sich in einer kleinen Reigenform ausdrücken könnte.

III. Vielleicht wachsen die einzelnen Strophen und ihre Bewegungsgestaltungen langsam über mehrere Tage. Zwischendurch malt man weiter an eigenen Regenbogenbildern oder an einem großen Gemeinschaftsbild. Auch sollte Raum sein, immer wieder von eigenen Regenbogen-Erlebnissen einander zu erzählen.

IV. Erste Imaginationsübungen sollten nun auch gewagt werden. Was man gesehen hat, ist wie ein Bild in uns. Mit geschlossenen Augen kann man sich konzentrieren und sich einen Regenbogen deutlich vorstellen (das engl. Verb „to imagine" = sich vorstellen, einbilden, leitet sich vom lateinischen „imago" her).

Die Imaginationskraft ist die innere Bildfähigkeit und Vorstellungskraft des Menschen. Sie will bei Kindern und Erwachsenen intensiv gepflegt werden.

Praxisbericht: Zum Beleg für gemeinsame, sich vertiefende Erfahrungen sei noch ein kleiner Bericht angefügt, der schildert, was eine Erzieherin aus Regenbogen-Erfahrungen mit Kindergartenkindern gelernt hat. Sie schreibt:

„Die Kinder bestaunten das leise Kommen und Gehen des Regenbogens, seine Schönheit, seine Zartheit, seine Harmonie. Die Größeren konnten ihre Gedanken schon differenzierter ausdrücken, aber auch die Kleinen staunten ‚mit allen Sinnen'. Beim Malen und beim ‚Regenbogenlied' gaben sie sich so hinein, daß sie fast ein Teil des Regenbogens wurden. Das half mir. Ich war einfach neidisch, ich wollte wieder das Staunen lernen, das Sich-Öffnen, das Sich-Hineingeben. Ich wollte leise Dinge von nun an intensiver wahrnehmen, öfter das ‚Dauer-Radio' abschalten. Ich begann in so manchem Beispiel zu erkennen, daß das Leise und Nicht-Festhaltbare wichtiger im Leben ist als Lautes, Greifbares. Ohne die Regenbogen-Übungen mit den Kindern wäre mir dies nicht so klar geworden.[3]

---

[3] Für eine ganzheitliche, vertiefende Weiterarbeit empfiehlt sich das japanische Bilderbuch „Ein Sommerregen" von Kota Taniuchi mit deutschem Text von Sarah Kirsch (erschienen im Friedrich Wittig-Verlag, Hamburg).

Wer über die geschilderte ganzheitliche, das heißt alle Sinne und Wahrnehmungsgeschichten des Kindes ansprechende Arbeitsweise hinausgehend noch eine biblische Geschichte von Trockenheit und erlösendem Regen entfalten möchte, der lese 1. Könige 17 und 18: die Elia-Geschichte. Wie man sie im Vorschulalter auch ausschnittsweise mit vielen kreativen Gestaltungen nahebringen kann, ist in der religionspädagogischen Zeitschrift „was + wie", Heft 2/1982 (Gütersloher Verlagshaus) zu finden innerhalb des Modells: „Von Staunenswertem erzählen."

17. Von Nestbau und Nisten

A. Zur Einstimmung

Auch aus der Lebensweise der Vögel ist mancher Begriff in unseren Sprachgebrauch gewandert. Wir sagen: „Zwei junge Leute bauen sich ein Nest", oder wir reden davon, daß sich jemand „eingenistet hat", wenn er längere Zeit dort verweilt. Junge Leute, die sich selbständig machen, bezeichnen wir als „flügge" usw.

Schauen wir auf Nester mit ihren fast immer runden Formen, so haben sie etwas von Harmonie und Geborgenheit an sich. Beobachten wir Vögel beim oft kunstvollen Nestbau, so staunen wir, und wenn sie dann, nachdem aus den Eiern Junge geschlüpft sind, ihre Kleinen emsig und liebevoll versorgen, berührt uns das emotional.

B. Religiös-biblische Dimension

Nester sind lebenswichtig für Kleine, Hilflose und Bedürftige. Doch was in der Tierwelt vor allem für den Nachwuchs und für die Nachzucht Bedeutung hat, muß in seiner Wichtigkeit auf menschlich-seelische Bedürfnisse viel weitreichender gesehen werden. So etwas wie „Nestwärme" und Geborgenheit brauchen nicht nur Kinder. Unbehaust kann auf Dauer niemand leben. Wir sehnen uns, irgendwo heimisch einzunisten und einzurichten. Damit sind aber nicht etwa nur die sogenannten eigenen „vier Wände" gemeint, sondern eben ein ganz „Sich-zu-Hause-Fühlen", eben mit Leib und Seele.

Noch umfassender im Blick auf die geistige und geistliche Heimat meint es Jesus in seiner großen Klagerede über Jerusalem. Das Verhalten seines Volkes, das ihn und die Propheten wie in Blindheit verkennt, vergleicht er mit bedürftigen Wesen, die einfach nicht ins Nest unter die Flügel des Muttertieres finden (man lese dazu Luk. 13, 34). Ein seelisches Zuhausesein und die „Nestwärme" der Liebe Gottes wollte er anbieten. An ihm selbst, wie an manchen großen Persönlickeiten des Judentums, wird aber ein Leiden an der eigenen „Unbehaustheit" deutlich. Jesus sagt: „Vögel haben Nester, Füchse ihre Gruben, aber der Menschensohn hat nichts, wo er sein Haupt hinlegen kann" (Matth. 8, 25).

C. Übungen für Erwachsene

I. In einem Seminar legten die Teilnehmer sich aus nassen bunten Wollfäden auf einfarbige Teppichfliesen Vogelnester, und als Übung zur Ergänzungs- und Vorstellungsphantasie stellten sie sich die einzelnen Geschehensphasen darin vor: Zunächst ist nur das Vogelelternpaar darin, dann brüten sie auf den Eiern, schließlich schlüpfen die Jungen und wollen versorgt werden. Dann kommen die ersten Flugversuche. Sorgsam bewachen die Alten das Nest, aber eines Tages, wenn die Jungen flügge geworden sind, hat das Nest ausgedient, es ist verlassen.

Die Teilnehmer stellen sich die einzelnen Phasen nacheinander vor oder greifen eine heraus, die ihnen sehr anschaulich erscheint. Nach etwa 10–15 Minuten spricht man miteinander über dieses Phantasiespiel und die eigenen Erfahrungen dabei. Möglicherweise geht dem einen oder anderen mitten im Phantasiespiel die Doppeldeutigkeit auf, und er denkt an menschliches Leben, vielleicht an die eigene Kindheit, das eigene Flügge-Werden oder an Heranwachsende, die das „elterliche Nest" verlassen haben ...

II. Meditation vor einem verlassenen Nest:
„Mit soviel Mühe bist du gebaut, kleines Nest! Unzählige Flüge hin und her waren nötig, alle Bauteile zusammenzutragen, die härteren rund herum und innen die weichen. Eingebettet in ein großes Zuhause, den schützenden Baum. Schon manches Nest hat er getragen, gab vielen Tieren Geborgenheit und tut's noch

immer. Nun bist du leer, kleines Nest, aber ein paar zarte, winzige Federn erzählen: Leben begann hier, verletzliches, zartes, junges Leben. Drum herum die kleinen Vogeleltern mit ihrer instinktiven, emsigen Fürsorge. Ob du zuweilen in Gefahr warst? Welche warnenden Rufe, welches angstvolle Herumflattern waren die Folge? Und dann das „Unter-die Flügel-Kriechen" der Kleinen, die Wärme der Eltern und ihrer schützenden Gefieder suchend. Bald aber wieder das hungrige Aufsperren der Schnäbel. Ein Rhythmus von Hunger und Schlafen, Hunger und Schlafen. Dann aber, kleines Nest, wurdest du zum Übungsplatz, zur Start- und Landebahn. Und nun liegst du verlassen. Hast du wirklich ausgedient? Oder kommt wieder einmal ein Vogelpärchen gleicher Art, um dich neu zu richten? Dann begönne alles von vorn. Aber vielleicht haben Regen und Sturm dich bis dahin so zerzaust, daß du übersehen wirst. Du kleines Nest, von Älteren für die Jüngsten gebaut, du vorübergehendes Zuhause. Was im Vogelleben so wenige Wochen dauert, spannt sich im Menschenleben auf etwas längere Zeit, aber immer ist es vorübergehendes Zuhause. Vergesse ich dies, so täusche ich mich.

Du kleines Nest, läßt mich fragen, wie es war, als für mich vor meiner Geburt ein kleines, weiches Paradies eingerichtet wurde. Auch für mich mit Liebe, mit Emsigkeit, mit Sorgfalt gerichtet, doch eines Tages bin ich dem entwachsen. ‚Nester' haben bald ausgedient, aber sie erzählen noch viel ..."

III. In einem Pantomimen-Seminar wurde vom Dozenten die Aufgabe gestellt: Bilden Sie Kleingruppen von vier bis fünf Teilnehmern und gestalten sie mit ihrem Körper Nester und Vögel, alte, und junge, ihre Flugversuche und schließlich das gemeinsame Nestverlassen.

Manche Teilnehmer formten ihr gemeinsames Nest aus vier Armen und vier Händen, andere mit dem ganzen Körper, manche die Vögel aus einer Hand, andere mit dem ganzen Leib. Aber jeder spürte sich hinein in diese Grundsituation der Kreatur.

D. Übungen mit Kindern

I. Folgende Erzählung einer Vogelmutter könnte zur Einstimmung sowohl erste Information als auch die nötige emotionale Wärme und Behutsamkeit gegenüber Nestern der Vögel geben. Mitten in der Freispielphase beginnt die Erzieherin, sich ein Nest zu modellieren, etwas Naturmaterial dafür zu sammeln und hineinzutun. Schließlich modelliert sie einen kleinen Vogel. Ihr Tun erweckt Neugier („Was machst du da?" – „Wozu sammelst du das?" usw.) Wenn die Kinder sich zusammenfinden, beginnt sie zu erzählen, den Vogel beim Sprechen hin- und herführend, ihm ihre Sprache leihend:

„Schilp, schilp, jetzt ist das Nest leer. Schilp, schilp, das waren aufregende Wochen. Mein Vogelmännchen ist schon weggeflogen, aber wenn ihr zuhören wollt, erzähl ich euch alles. Schilp, schilp, ihr müßt nicht denken, daß wir das Nest so fertig gefunden haben. Nein, das war eine mühsame Arbeit. Zu zweit haben wir alles herangeschafft, und das dauerte ein paar Tage, dann aber war das Nest weich und rund und schön. Jetzt konnte ich meine Vogeleier legen, und mein Vogelmann flog immer in der Nähe herum und paßte auf. Denn niemand soll mich beim Eierlegen stören. Ausgebrütet haben wir sie dann abwechselnd. Die Eier, es waren drei, mußten immer warm bleiben. Einmal kamen ein paar Jungen mit den Fahrrädern. Genau unter unserem Baum spielten sie und warfen mit dem Ball hin und her. Aufgeregt flog ich herum, mein Mann saß gerade auf den Eiern. Er duckte sich und, welch ein Glück, ohne uns zu sehen, fuhren die Jungen bald weiter. Dann kam auch ein Gewitter, ein großer Sturm. Beide saßen wir im Nest und hatten Angst, daß der Sturm uns herunterwirft, aber alles ging gut, das Nest hielt, wir hatten es fest und gut gebaut. Dann war es soweit. In den Eiern rührten sich unsere Vogelkinder, sie kamen heraus und hatten sofort großen Hunger. Das war eine Mühe, soviel Futter heranzuschaffen. Wir wechselten uns ab, mal blieb ich bei den Kleinen im Nest, und mein Mann flog, um Futter zu holen. Mal blieb er, und ich flog hin und her. An einer nahen Wiese und einem kleinen Teich gab es schöne Regenwürmer, die schmeckten den drei Kleinen im Nest am besten. Jetzt war da nicht mehr nur unser „schilp, schilp" zu hören, was ihr schon kennt, nein, auch die Kleinen piepsten jeden Tag lauter. Unten schlich eine Katze um den Baum, das war gefährlich. Doch zum Glück war sie sehr mit dem Mäusefangen beschäftigt. Nach und nach turnten die drei Jungen immer mehr herum, jetzt schlugen sie schon mit den Flügelchen. Da begannen wir bald mit dem Flugunterricht. Zuerst ging's nur von Ast zu Ast und bei Gefahr schnell wieder ins Nest. Sie lernten, wenn wir laut schilpten, dann war es wichtig, schnell sich im Nest zu verstecken. Ja, und jetzt nach ein paar Wochen, da seht ihr, bin ich allein, alle sind ausgeflogen. Aber euch wollte ich erzählen, wieviel Ruhe wir brauchen, und daß uns keiner stören darf, wenn wir uns ein Nest bauen und Junge bekommen. Manchmal treffe ich meine Vogelkinder noch auf unserm Lieblingsbaum, und eines kuschelt sich noch gern unter meine Flügel, so wie ihr vielleicht es manchmal auch gern bei Papa und Mama macht. Schilp, schilp, jetzt will ich mal herumfliegen, ob ich jemand von meiner Vogelfamilie treffen kann ..."

II. Angeregt durch diese Erzählung und nach allerlei vertiefenden Nachgesprächen modellieren die Kinder nun alles Fehlende
ins Nest hinein: Eier und dann auch kleine Vögel – bald spielen
sie den Vorgang nach – aber auf ihre Weise.

III. Auf dem Fußboden gestalten wir aus gerissenem Zeitungs-
papier einen großen Baum, die Nester aber knüllen und formen
wir, so daß wir Vögel hineinsetzen können. Sie fliegen hin und
her. Jetzt spielen wir Tag und Nacht und auf Vorschlag der Kinder gutes und schlechtes Wetter.[1]

IV. Hier könnte sich vielleicht anschließen, was Jesus vom Baum
erzählt und den Vögeln darin. Man lese dazu Matthäus 13,31 u.
32.

---

[1] Eine im Sinne Walter Neidharts mit „Phantasie-Arbeit" auf kleine Kinder hin ge-
formte Erzählung vom Baum, der aus winzigem Anfang wächst und Tieren ein Zuhause gibt, findet sich im 2. Buch „Spielbuch Religion" (Seite 66–67), das in den
Verlagen Benziger und E. Kaufmann erschienen ist. Als weiterführender Impuls
endet diese Erzählung mit der Frage: „Was ist noch alles in Gottes Welt so klein
und zuerst verborgen?" Hiermit wird behutsam ein „Gleich-wie-Verständnis" an-
gebahnt, auf dem im Schulkinderalter weiter aufgebaut werden kann. Dann ist es
möglich, zu reflektieren, auch Liebe und Vertrauen sind zuerst wie ein winziger
„Same".

Stichwortverzeichnis